멈추지 않는 길

자서전

지은이 박사 고화석 회장

자수정 출판사

멈추지 않는 길
자서전

발 행 처 - 자수정 출판사
발 행 인 - 대표 배의자
편 집 장 - 진보라
디 자 인 - 곽민정
발 행 일 - 2026년 1월 13일
신고번호 - 제 2018-000094호

서울 영등포구 영중로65
자수정 출판사 TEL.010-8558-4114
정 가 ₩20,000원

*파본은 교환해 드립니다.

NAVER 네이버 검색창에 고화석
E-mail - zxc3298@hanmail.net

머 리 말

멈추지 않는 길이란

흔히들 '인생은 육십부터다'라고 말합니다.
오랜 세월 동안 전해 내려오는 이 말 속에는, 삶의 후반전이야말로 진정한 인생의 시작이라는 깊은 통찰이 담겨 있습니다.
그러나 현실에서는 나이를 이유로 도전을 멈추고, 아직 남아 있는 가능성과 시간을 스스로 포기하는 이들을 흔히 봅니다.

필자는 그렇게 살고 싶지 않았습니다.
인생 전반전에서 쌓아온 경험과 배움, 그리고 시행착오 속에서 길어 올린 지혜를 바탕으로, 저는 여전히 성장하고 도전하며 새로운 결실을 맺고자 합니다.

잘 굴러가던 자전거가 멈추는 순간 쓰러지듯, 삶도 마찬가지입니다.
움직임을 멈추면 마음이 약해지고, 의지가 흐려지며, 결국 삶의 활력까지 잃어버립니다.
따라서 나이는 걸림돌이 아니라, 오히려 깊은 성찰과

단단한 의지를 가진 또 한 번의 출발점이 되어야 합니다.

지난 육십 년의 여정을 돌아보며, 저는 이 기록이 단순한 회고가 아니라 앞으로의 길을 밝히는 등불이 되리라 믿습니다.
과거를 성실히 바라보는 일은 미래를 준비하는 가장 견고한 기초이기 때문입니다.

부족한 글이지만, 이 책을 통해 필자의 삶과 생각을 함께 나누고자 합니다.
아울러 독자 여러분께서도 새로운 용기와 희망을 얻으시어, 각자의 자리에서 멈추지 않는 걸음을 이어가시기를 진심으로 바랍니다.

끝으로, 본서를 읽어 주시는 모든 분께 깊은 감사의 마음을 전하며
여러분의 건강과 평안을 기원합니다.

감사합니다.

> 2026년 을사년 붉은 말의 해를 맞으며
> 지은이 박사 고화석

차 례

머릿말   3

제1장 인간이 갖추어야 할 덕목

1. 인성과 인맥, 삶을 여는 열쇠   6
2. 가까울수록 지켜야 할 예의   28
3. 칭찬의 힘과 인간의 성장   38
4. 겸손은 삶의 깊이를 더하는 힘이다   45
5. 신념의 힘   54

제2장 인생의 생애

6. 흙냄새 속의 소년   64
7. 새로운 시작   84
8. 사랑과 헌신의 발견   102
9. 박사 준비와 새로운 기회   113
10. 성공으로 가는 길   119
11. 발자취   138

제3장 멈추지 않는 길

12. 1인 다역 강사의 길   148
13. 내가 닮고 싶은 나의 멘토   161
14. 행복으로 가는 가족   169
15. 수명 120세 시대   176
16. 물의 중요성 (물, 생명의 근원)   185
17. 곱게 익어가려면   197

제1장 인간이 갖추어야 할 덕목
1. 인성과 인맥, 삶을 여는 열쇠

 인생 전반기에 인성이 다져진다.
그리고 이 인성이 곧 인맥을 결정한다.
명품 인맥은 결코 하루아침에 만들어지지 않는다.
인생을 되돌아보면, 내가 쌓아온 가장 값진 자산은 돈도, 명예도 아니었다.
그것은 바로 사람, 그리고 그들과 나눈 진심이었다.

하지만 처음부터 사람을 아는 사람이었던 것은 아니다.
젊은 시절의 나는 앞만 보고 달리는 경쟁자였다.
인맥이란 성공을 위한 수단쯤으로 생각했고, 누군가를 만나면
"이 사람을 통해 내가 무엇을 얻을 수 있을까"부터 계산했다.
그때는 그것이 세상을 살아가는 지혜라 믿었다.
그러나 그 믿음이 얼마나 얕고 위험한 것이었는지를 세

월이 흘러 알게 되었다.

거래로는 명품 인맥을 만들 수 없다.
사업을 하며 수많은 사람을 만나면서 나를 찾는 이들도 많았고, 나 또한 먼저 손을 내민 적도 많았다.
식사 자리는 늘 북적였고, 명함이 쌓여갔다.
하지만 위기가 닥치자 상황은 순식간에 변했다.
어제까지 내 곁을 맴돌던 사람들은 연락이 끊겼고, 진심으로 남은 이는 손에 꼽을 정도였다.
이익으로 맺어진 인연은, 이익이 사라지는 순간 함께 사라진다는 것을 그때 깨달았다.

그 이후로 나는 사람을 대하는 태도를 바꾸었다.
거래가 아닌 신뢰와 진심으로 관계를 맺기로 했다.
겉으로 번지르르한 인연보다, 말없이 곁을 지켜주는 한 사람의 존재가 훨씬 귀하다는 것을 배웠다.
명품 인맥은 하루아침에 만들어지는 것이 아니라, 이렇듯 시간 속에서 쌓여가는 진심의 기록이다.

실제로 나는 한 번, 뜻밖의 위기 속에서 진짜 인연을 확인한 적이 있다.
사업이 무너지며 주변의 기대와 신뢰까지 잃었을 때, 오직 몇 명의 친구와 동료만이 내 곁을 지켜주었다.

그들은 아무런 조건 없이 나를 도왔고, 그 작은 배려가 내가 다시 일어서는 힘이 되었다.
그때 나는 진정한 인맥이란 무엇인지 뼈저리게 깨달았다.

내가 먼저 명품이 되어야 한다.
한때 나는 '좋은 사람'을 만나고 싶다고 입버릇처럼 말했지만 정작 좋은 사람이 되기 위한 노력을 하지 않았다. 그래서 나는 나 자신을 다듬기 시작했다.
책을 읽고, 공부하고, 실패를 통해 배우며 스스로를 성장시켰다.
내가 먼저 자체 발광체가 되어야 사람들도 내 곁으로 온다. 진정한 명품 인맥은 내가 명품이 되는 순간부터 시작된다. 내가 먼저 성실과 배려, 신뢰와 겸손을 갖추어야 한다.
그렇게 쌓인 내면의 힘이 곧 사람들을 끌어당기는 자석이 된다. 외적인 성공과 명예보다, 내면의 품격이 인연을 결정한다.

모든 사람이 그러하듯, 특히 정치인의 길을 걷는 이들에게는 인성이 무엇보다 중요하다. 인성이 바른 사람일수록 국회의원 재선 확률이 높다는 사실만 보아도, 인성은 사람이 살아가는 데 있어 가장 으뜸가는 처세술임을 알 수 있다.
친구 중에는 "인생은 60부터"라며, 필자에게 이제라도 국회의원에 한 번 도전해 보라고 권하는 이들도 있다.
사람들은 나의 지나온 길과 경험을 보면 충분히 가능성이 있다고 말해주니 고마울 따름이다.

인맥은 결국 소통이다.
나는 한때 감정 표현이 서툴렀다.
속으로는 고마워도 겉으로는 무뚝뚝했고, 좋아하는 마음도 쉽게 드러내지 않았다.
그러나 사람은 마음을 표현해야 통하며 소통이 막히면 관계는 병든다.
그 후로 나는 "고맙다.", "수고했다.", "네 덕분이야." 같은 짧은 말을 아끼지 않았다.
그 말들이 사람의 마음을 얼마나 따뜻하게 만드는지 직접 느꼈다.

진심 어린 말 한마디가 관계를 살리고 신뢰를 키운다.
이것은 단순한 습관이 아니라, 인생을 바꾸는 작은 실천이다.
한 번은 사업 파트너가 큰 실수를 했을 때,
나는 단호하게 문제를 지적하면서도 동시에 격려와 배려를 전했다.

그 경험은 오히려 신뢰를 깊게 했고, 그 파트너는 이후 수년간 내 가장 든든한 조력자가 되었다.

살아오며 많은 사람을 만나고 헤어졌다.
좋은 인연도 있었고, 나쁜 인연도 있었다.
만나서는 안 될 악연도, 우연처럼 찾아온 귀한 인연도 있었다.
배신을 당하고, 사기를 당해보기도 했다.
그럴 때마다 나는 자신을 돌아보며 반성했다.

그리고 알게 되었다.
어려울 때 진짜 인맥이 드러난다.
믿었던 사업이 무너지고, 가까운 사람에게 배신까지 당했을 때 세상이 나를 버린 듯했다.
그때, 아무런 이익도 없는 친구 몇 명이 나를 찾아왔다.
그들은 따뜻한 말 한마디와 함께 밥 한 끼를 건넸다.
그 작은 온기가 나를 다시 일으켜 세웠을 때 그제야 깨달았다.
명품 인맥은 나를 이용하지 않는 사람, 조건 없이 내 곁에 있어 주는 사람이다.
인맥이란 화려한 유명 인사나 재력가가 아니다.
진짜 인맥은 평범한 주변 사람들로 친구, 동료, 취미 동호회, 종교인, 거래처 등이며 생활 속의 사람들 속에서 인연은 자란다.
사회적 인맥은 결국 오랜 세월 쌓인 신뢰의 역사다.
상대방이 먼저 다가오게 만들 수 있는 사람, 그 사람이 진정한 명품 인맥의 주인공이다.

자기 자신 하나를 다스리지 못하는 사람은 가정도, 사회도 다스릴 수 없다.
사람은 감동이 있는 인생 스토리를 가진 사람에게 끌린다.
마음이 뭉클하게 전해지고, 가슴을 울리는 사람에게 우리는 자연스레 열광한다.

배우자만큼 가까운 인연은 없다.
성격이 괴팍하면 상대를 질리게 하고,
습관이 나쁘면 함께 있는 이의 인생까지 피곤하게 만든다.
검은 것을 희다 하고, 흰 것을 검다 하는 사람 옆에서는 아무리 항우장사라도 버텨낼 수 없다.
결국 온순하던 사람도 함께 지내다 보면 사납게 변한다.
평생을 마음 편히 해로하려면 온순한 집안의 혈통을 만나야 한다.
명품 인맥은 배우자와 가족에서 시작된다.

그 안에서 맺어지는 신뢰와 배려, 따뜻한 정이 결국 사회로 확장되어 세상에 선한 영향을 끼친다.

사람은 만남의 연속 속에서 살아간다.
좋은 사람을 만나면 인생이 꽃피지만, 잘못된 인연을 만나면 본인뿐 아니라 주변의 삶까지 어두워진다.
백조와 어울리면 하얘지고, 까마귀와 어울리면 까매지는 법이다.

성질머리가 나쁜 사람은 자신의 잘못된 습관조차 인정하지 않는다.
치매가 아님에도 불구하고 늘 같은 잘못을 되풀이하며, 지적을 받으면 "그럴 수도 있지" 하며 오히려 화를 낸다.
이것은 단순한 성격이 아니라 오랜 세월 길들어진 나쁜 습관 때문이다.

결국 명품 인맥을 만드는 비결은 단 하나다.
자신을 다스리고, 타인을 배려하는 품성.
진정한 인간관계의 품격은 외부가 아니라 내면의 성숙에서 비롯된다.
가능하다면, 내 인생의 멘토가 될 수 있는 사람,
즉 나의 코치나 카운셀러, 의사, 후원자 같은 사람들을 가까이하라.
그들은 내면을 매력으로 가득 채워주는 존재다.
나는 경험을 통해 사람을 잃는 아픔보다 진심 없는 인연을 걸러내는 지혜를 배웠다.

모든 인연이 내 곁에 머물 필요는 없다.
떠나는 인연은 자연스레 떠나게 두고,
진심 있는 인연만 남기는 것, 그것이 인생의 균형이다.
인생은 결국 사람을 남기는 일이다.
돌이켜보면 인생의 가장 큰 행복은 언제나 사람과의 관계 속에서 피어났다.
돈과 명예는 잠시지만, 사람이 남긴 온기와 향기는 오래 남는다.

그래서 이제는 누군가를 만날 때
"이 사람에게서 무엇을 얻을까"가 아니라
"이 사람에게 나는 어떤 도움이 될 수 있을까"를 먼저 생각한다.
그것이 내 인생의 철학이 되었고, 그 철학이 오늘의 나를 만들었다.
명품 인맥은 특별한 사람에게만 주어지는 선물이 아니다.
진심으로 사람을 아끼고, 자신을 성장시키려는 사람이

라면 누구나 명품 인맥의 주인공이 될 수 있다.

꽃은 자신이 아름답다고 말하지 않는다.
그저 묵묵히 향기를 낼 뿐이다.
그 향기에 끌려 나비와 벌이 모여든다.
사람도 그렇다. 내가 먼저 좋은 향기를 내면, 사람들은 자연스레 내 곁으로 온다.
명품 인맥이란 결국, 내가 어떤 향기를 지닌 사람이냐의 문제다.
그 향기는 하루아침에 만들어지지 않는다.
시간과 진심, 그리고 수많은 만남과 이별이 빚어낸
인생의 향기다.

꽃이 햇빛과 물을 머금고 조용히 꽃망울을 틔우듯,
나 또한 배움과 경험, 인내와 배려로 조용히 내 사람다움을 키워가고자 한다.
언젠가 누군가가 말해주길 바란다.
'그 사람 곁에 있으면 마음이 따뜻해진다.'
그 한마디면 충분하다.
그것이 내가 꿈꾸는 명품 인맥의 완성이다.
인생 후반, 남겨야 할 것은 사람이다.
이제 인생의 후반을 향해 걷고 있다.
젊을 때는 모르던 것들을, 이제는 한 장 한 장 빛바랜

사진처럼 떠올린다.

돈은 세월 속에서 흩어지고, 명예는 세상 속에서 잊혀지지만, 사람은 기억 속에서 살아남는다.
내 인생의 재산은 사람이다.
그리고 그들과 나눈 진심이며 그 진심이 만든 온기다.
인생의 끝에 어떤 이름으로 기억될 것인가?
그 물음 속에서 오늘도 나는 사람을 배우고, 사람으로 살아가고, 사람으로 남고자 한다.

인격은 행동에서 나온다.
한 사람이 어떤 인격을 가졌는지는, 그 사람이 어떤 말을 하는가보다 어떻게 살아가는가, 그리고 평범한 일상 속에서 어떤 행동을 반복해 왔는가에 의해 드러난다.
그 사람의 인격을 보면 부모를 짐작할 수 있는 이유도 같다.
왜냐하면 부모의 영향은 우리가 생각하는 것보다 훨씬 깊고 오래가기 때문이다.
사람은 혼자 큰다고 말하지만, 결국 부모가 보여 준 습관과 태도, 품격을 닮아간다.

말투 하나, 표정 하나, 남을 대하는 태도 하나까지도 가정에서 배우며, 가정은 인간 인격 형성의 시작이자 가장 중요한 뿌리이다.
그래서 인격은 하루아침에 만들어지지 않는다.
오랜 시간 동안 행동으로 쌓여, 세월 속에서 다듬어지고 빚어진다.

인간의 재능 또한 일 속에서 다듬어진다.
재능은 행동과 실천 위에 세워지며, 일을 하지 않는 사람은 어떤 것도 성취할 수 없다.
게으름은 인간을 타락시킨다.
게으른 사람은 언덕을 힘들다 핑계대며 오르지 않으려 하고, 어려움과 맞서지 않으려 한다.
찡그린 얼굴로 세상을 원망하는 사람은 있을 듯 없을 듯 사라지고 만다.

흘러야 할 물이 고이면 썩듯이, 움직이지 않는 사람의 정신과 육체는 병든다.
반대로 부지런한 사람은 주변에 기쁨과 감동을 주는 원천이 된다.
진정한 행복은 두뇌와 신체가 유효하게 활용될 때 찾아온다.
"심심하다, 무료하다"라는 말을 자주 하는 사람은 결국 병을 얻게 된다.
일하지 않고 마음이 멈추면 정신이 병들기 때문이다.

반면 멈추지 않는 길로 계속 움직이고 배움과 도전 앞에서 멈추지 않는 사람은 늙지 않는다.
젊음은 육체의 나이가 아니라 마음의 움직임에서 시작된다.

가정은 인격이 자라는 학교이며, 삶의 중심이다.
남편은 아내가 어떻게 행동하느냐에 따라 사랑을 받고, 자녀는 부모의 행동을 보며 인생을 배운다.
귀엽다고 웃어주기만 하는 것이 교육이 아니다.
지혜와 절제, 습관과 품격을 가르치는 것이 부모의 몫이다.
현명한 어머니는 백 명의 선생보다 낫다.

가정의 행복은 노력 없이 얻어지지 않는다.
알뜰하고 현명한 배우자, 부지런하고 성실한 부모가 될 때 가정은 따뜻하고 단단해진다.
배움 역시 뺏기지 않는 가장 큰 자산이다.
사고를 당하거나 가진 것들을 잃는다 해도, 배움은 사라지지 않고 남아 후대에게까지 이어진다.

인생을 계절에 비유하면,
봄은 10~20대
여름은 30~40대

가을은 50~60대
겨울은 70~90대이다.
봄에 씨를 뿌리지 않으면 여름에 익을 것이 없고, 여름이 흘러가면 가을에 거둘 것이 없다.
겨울에 이르러서야 깨닫는다.
"게으름은 결국 존경받지 못하는 노년을 만든다."

20대에는 학업에 전력을 다하고
30대에는 직장과 가정을 쌓으며
40대에는 책임을 다하고
50대에 철이 들면 정년을 맞이하고
60대에는 뿌린 씨앗을 거두고
70대 이후는 인생의 후반기다.

100세 시대, 이제는 120세 시대다.
남은 시간을 무의미하게 보내며 생명만 연장한다면, 그것은 인생을 포기하는 것이다.
희망을 잃지 않고, 도전하는 한 인간은 멈추지 않는 한 언제나 다시 시작할 수 있다.

사람의 얼굴에는 살아온 세월이 새겨진다.
밝게 살아온 사람에게는 얼굴에서 빛이 나고,
비관과 불평 속에 살아온 사람에게는 어두운 그림자가

드러난다.
얼굴은 마음의 거울이다.

인간은 유유상종이라 친구를 보면 그 사람을 알 수 있다. 좋은 친구는 인격을 밝히고, 나쁜 친구는 인생을 흐린다.
운동하는 사람은 운동하는 친구를,
책 읽는 사람은 도서관에서 친구를 만난다.
장미를 심기 전에 흙을 고르듯,
사람도 누구와 어울릴지 선택해야 한다.

도량이 넓은 사람은 행운에도 들뜨지 않고 불행에도 무너지지 않는다.
말은 천천히, 생각은 깊게, 행동은 분별 있게.
모욕을 당해도 즉시 대응하지 않는 사람이 결국 이긴다. 그러므로 시간은 감정을 가라앉히는 약이다.

그리고 필자가 생각하는 최고의 재산은 희망이다.
희망은 가난한 자를 부자로 만들고, 절망을 인내하게 하며, 다시 걷게 한다.
금수저보다 더 귀한 것이 희망이다.
희망이 있는 한 인간은 다시 일어서고,
멈추지 않는 사람에게 인생은 언제나 열린다.

사람들은 말한다.
"머리 검은 짐승은 거두는 것이 아니다."
나는 이 말을 예전엔 과장된 속담 정도로만 여겼다.
그러나 세월을 살고, 여러 인간 군상을 겪고, 은혜를 베풀어도 돌아오는 것이 배신일 때가 많다는 것을 절실히 느끼며, 이 말의 무게가 얼마나 깊은지 깨닫게 되었다.

사람에 따라서는 인간이 짐승만도 못해서 은혜를 모르고 배신을 할 뿐만 아니라, 기회를 노려 오히려 칼을 겨눌 수도 있다.
본인이 힘들 때 잘해줄 때는 꼬리치지만,
도움이 끝나면 돌변하여 "너 언제 봤냐"는 식으로 나오니 차라리 현명한 사람은 배신을 당해도 쉽게 흔들리지 않는다.

그 경험조차 교훈으로 삼아, 앞으로의 관계를 다듬고, 사람을 가려 만난다.
그런 의미에서 인간관계는 전쟁터와 같다.
신뢰할 사람을 알고, 경계할 사람을 구분하며, 나를 지킬 줄 아는 힘이 필요하다.

내 경험 속에서 특히 기억나는 사람이 있다.
사업을 하다 보면

세상에 정말 어려운 일을 겪는 직원들을 보게 된다.
가난과 질병이 한꺼번에 덮쳐 쓰러지기 직전인 사람들.

어느 날,
폐암 3기 판정을 받은 직원 김희범이 찾아왔다.
가족도 없고,
세 번 이혼한 뒤 홀몸이었으며 드문 친구들조차 그의 곁을 떠난 상태였다.
세상에 의지할 곳이 아무것도 없는 사람이라서 그가 병원에서 입원을 거부당한 이유는 보증인이 없어서였다.

그 순간 나는 더 생각할 여지도 없이 그를 데리고 병원으로 갔다.
서류에 사인을 하고, 그는 생명을 건 수술을 받을 수 있었다.
퇴원 후 그는 말했다.
"사장님 때문에 살았습니다. 평생 은혜 잊지 않겠습니다."
그 말을 믿었다.
그래서 무거운 일은 시키지 않고 몸 회복을 위해 다른 부서로 옮겨 배려도 해주었다.
그러나 세 살 버릇은 여든까지 간다고 술과 담배는 끊었지만 성격과 태도는 바뀌지 않았다.

다른 사람과 다투고, 스스로를 대단한 사람이라 여겼다.
그리고 완치 판정을 앞둔 시점,
월급을 받은 뒤 그는 연락도 없이 회사에 나오지 않았다.
알고 보니 경쟁사로 이직했을 뿐 아니라, 우리의 특허 기술을 **빼돌리고** 특별대우를 받고 있었다.

그렇게 결국 그는 짐승도 하지 않을 배신을 했다.
게다가 회사에서 만난 세 번째 아내조차 그의 곁을 떠났다.
그 여자는 중국에 간다며 사라져 연락이 두절되었고, 그는 결국 다시 병이 재발했다.
사람의 인격과 태도는 환경이 바뀐다고 바뀌는 것이 아니었다.

하도 어이가 없었다.
김희범이라는 사람을 생각하면 분노보다도 먼저, 참으로 인간이 어떻게 이렇게까지 타락할 수 있을까 하는 놀라움이 앞섰다.
그래서 나는 그를 오랫동안 곁에서 지켜본 사람, 그의 술친구였다는 박현호를 찾아갔다.
그를 만난 이유는 단순히 배신당한 분노 때문이 아니었다.

'도대체 어떤 삶을 살아왔기에 저토록 괴물 같은 행동을 아무렇지 않게 하는가?'
나는 그 답을 듣고 싶었다.
박현호는 깊은 한숨과 함께 입을 열었다.
그의 표정에는 연민과 혐오, 그리고 오래된 피로가 뒤섞여 있었다.
"희범이는… 산골에서 태어났지요.
어머니는 시중이 동생을 낳다가 돌아가셨고, 그 뒤부터 삶이 뒤틀리기 시작했습니다."

어린 시절부터 그는 계모의 손에 맡겨졌다.
그러나 그곳은 보호의 공간이 아니었다.
가혹한 학대, 욕설, 굶주림…
사랑 대신 잔혹함만 배우며 자란 소년은 결국 열 살이 되던 해, 집을 뛰쳐나갔다.
초등학교 4학년.
아직 어깨에 책가방이 남아 있어야 할 나이였다.
하지만 그는 서울역 플랫폼에서 구걸하며 잠을 청했고, 그곳에서 언어 대신 생존을 배웠다.

열여섯, 금형 공장에 들어가 밥을 얻어먹으며 허드렛일을 했다.
청소, 심부름, 허드렛일…

하지만 인간은 보고 듣는 것만으로도 배운다.
그렇게 그는 어깨 넘어 금형 기술을 익혔고, 어느새 공장 노동자가 되었다.

기술이 쌓이자 공장을 차렸지만, 그러나 인생은 기술만으로 돌아가지 않는다.
정규 교육도 받지 못했고, 가정에서 사랑을 경험하지 못한 그는 사람 대하는 법을 몰랐다.
성질은 불같고, 자존심은 지나치게 높았으며, 상대방을 존중할 줄 몰랐다.

고객들은 그와 사소한 말다툼만 해도 싸움이 벌어졌고, 그의 평판은 바닥으로 곤두박질쳤다.
"저 사람과는 거래하지 마라."
그 말이 돌고, 일감은 끊어졌으며, 공장은 결국 문을 닫았다.

그 후 그는 막노동을 전전하며 술이 그의 삶을 잠식했다. 매일 저녁 서너 병씩 마시고 술에 취해 비틀거리며 식당을 들락거렸다.
취하면 몇 시간이고 비틀거리다 잠들기 일쑤였다.
결국 식당들도 문전박대를 했다.
그러자 그는 소주를 상자째 사다 놓고 집에서 혼자 밤

새 술을 마셨다.
담배 연기는 자욱했고, 그 어둑한 방 안에서 그는 더욱 야수처럼 쇄락해 갔다.
사람만 있으면 붙잡고 같은 이야기를 반복했다.
끝없는 울분, 끝없는 원망 듣는 사람은 지쳐 떠났다.
그렇게 그는 사람 하나씩 잃어갔다.

결혼도 세 번 했다.
그러나 다들 결국 참고 견디다 지쳐 그의 곁을 떠났다.
박현호는 고개를 떨구며 말했다.
"그 사람은… 이제 사람이 아니에요. 짐승만도 못하게 됐습니다. 스스로 그렇게 만든 거죠."
머리 검은 짐승을 거두지 말라는 말.
그 무서운 문장이 왜 생겨났는지, 나는 그 순간 깊이 이해할 수 있었다.

그의 이야기를 듣고 난 뒤, 내 마음에 남은 질문은 하나였다.
악마는 태어나지 않는다.
만들어진다.
세상에서 버림받은 아이가 어느 날 세상을 버린 어른이 되어 있었다.
누군가는 같은 상처 속에서도 사람으로 남고, 누군가는

끝내 짐승이 된다.
세상에는 은혜를 아는 사람도 있지만 은혜를 원수로 갚는 사람도 있다는 깨달음은 인생의 값비싼 학비로 남았다.

이제 나는 사람을 만날 때 겉모습이나 조건보다,
그 사람이 어떤 행동을 하고, 어떤 마음을 지니고 있는지를 먼저 본다.
진심을 전하고, 신뢰를 쌓고, 배려할 줄 아는 사람만이 오래도록 내 인생의 동반자가 된다.

인생의 끝자락에서 돌아보면, 남는 것은 돈이나 명예가 아니다.
사람과 그 속에서 나눈 따뜻한 기억, 진심, 그리고 서로를 지켜준 시간이다.
명품 인맥은 결코 외적인 조건이나 한때의 인기를 뜻하지 않는다.
그것은 내면의 성숙과 행동으로 만들어진, 진심과 신뢰의 결과물이다.

결국, 내가 오늘 선택하는 삶의 태도와 관계가 내일의 나와 내 주변 사람들을 만든다.
따라서 사람을 대할 때는 조심스럽게, 그러나 진심으로

다가가야 한다.
배신을 두려워하지 않고, 신뢰를 먼저 주며, 마음을 열어야 한다.
그것이 인생을 풍요롭게 하고, 나아가 세상을 따뜻하게 만드는 힘이다.

㈜코리아 크린 시스템 사옥

2. 가까울수록 지켜야 할 예의

 사람들은 종종 낯선 사람 앞에서는 조심하지만, 가까운 사람 앞에서는 느슨해지는 경향이 있다. 처음 만난 사람 앞에서는 단어 하나, 표정 하나까지 신경 쓰지만, 집에 돌아오면 말투가 거칠어지고 표정이 무뎌지며, 때로는 무심한 행동도 허락되는 듯 행동한다. 그러나 진정한 인격은 낯선 사람 앞이 아니라, 가장 가까운 사람 앞에서 드러난다.

큰 나무 덕은 못 보아도 큰 사람 덕은 본다는 말이 있다. 인생은 어떤 사람을 만나느냐에 따라 크게 달라진다. 여기서 말하는 '큰 사람'은 단순히 명예나 재산을 쌓은 사람이 아니다. 겸손 속에 단단함이 있고, 따뜻함 속에 원칙이 있으며, 배움과 사색으로 마음을 가꾸는 사람이다.

배움은 인간을 다듬는 연장이다. 어릴 적부터 바르게

배우지 못한 사람은 마음이 삐뚤어지고, 쉽게 좌절하며, 남의 탓을 하며 거칠게 살아간다. 반대로 올바른 배움을 가진 사람은 스스로를 다스리고, 타인을 배려하며, 관계를 지킬 줄 안다.

나의 아버지는 늘 말씀하셨다.
"가정만 생각하면 가장이 되고, 사회만 생각하면 사장이 되며, 나라를 생각하는 사람은 나라의 큰 인물이 된다."

그 가르침 속에는 시야의 크기가 곧 사람의 크기라는 깨달음이 담겨 있었다. 큰 그릇을 가진 사람은 조급하지 않고 교만하지 않으며, 가까운 사람에게도 존중과 배려를 잃지 않는다. 책을 읽고, 생각하고, 자신을 성찰하는 부모는 자녀에게 단순한 지식을 넘어 삶을 바라보는 눈을 남긴다. 삶을 곱씹어 본 사람은 순간의 감정에 휘둘리지 않고, 말과 행동이 품격을 잃지 않는다.

진정으로 본받을 사람은 수다스럽지 않다. 모임에서도 허풍을 떨지 않고, 타인을 깎아내리지 않는다. 말을 아끼되, 할 말은 분명히 하고, 진실된 마음을 담는다. 침묵은 약함이 아니라 깊이이며 그들은 시간 낭비를 경계한다. 놀기 위해 사는 것이 아니라 가치를 만들기 위해 산다. 남의 삶을 부러워하기보다, 자신의 삶을 조금씩 단단하게 채워 나간다.

학교는 학문을 가르치지만, 인생의 혜안까지 가르치진 않는다. 인생의 지혜는 좋은 스승과 부모, 그리고 좋은 사람들 속에서 배운다. 배움을 게을리하면 삶도 게을러지고, 배움을 즐기면 사람도 깊어진다. 어려움 속에서도 무너지지 않는 사람은 늘 배우는 사람이다. 배움은 상처를 치유하고, 삶에 의미를 부여하며, 혼란 속에서 방향을 잡게 한다.

가까운 관계는 노력이 없으면 쉽게 무너진다. 말 한마디, 표정 하나, 작은 행동이 쌓여 사랑이 되기도 하고 상처가 되기도 한다. 배우자가 지칠 때 따뜻한 침묵으로 곁을 지켜주고, 자녀가 실수했을 때 소리치기보다 인내로 가르치며, 친구가 어려움 속에 있을 때 조용히 손을 내미는 것. 이것이 가까운 사람에게 지키는 예의다.

예의는 멀리 있는 손님에게만 필요한 것이 아니라 오히려 가장 사랑하는 사람에게 가장 먼저 주어야 할 선물이다. 말은 씨앗과 같아서 어떤 말을 심느냐에 따라 가정에는 꽃이 피고, 혹은 잡초가 무성해진다.

"이혼하자", "못하겠다", "죽겠다" 같은 말을 쉽게 내뱉는 사람은 결국 그 말대로 살아간다.
반대로, "잘될 거야", "할 수 있어", "우린 함께 이겨내자"라고 말하는 사람은 미래를 긍정으로 설계한다.

말은 사람의 내면을 반영하며, 관계의 방향을 결정한다. 가정은 세상에서 가장 따뜻한 공간이어야 하지만, 때로는 가장 치열한 전장이 되기도 한다. 밖에서는 미소와 존중을 나누면서도, 집 안에서는 가시 돋친 말과 무심함이 스며드는 경우가 적지 않다.

사람들은 종종 이렇게 말한다.
"가족끼리 뭘 그렇게 예의를 차려? 편하게 지내야 가족이지."
그러나 가족이기에 더 예의를 지켜야 하고, 가깝기 때문에 더 따뜻해야 하며, 사랑하기에 더 배려가 필요하다. 가까운 사람에게 상처를 주는 말은 깊이 박히고 오래 남는다. 나무에 새겨진 칼자국이 시간이 지나도 흔적을 남기듯, 가까운 사람에게 던진 날카로운 말은 기억 속에서 쉽게 사라지지 않는다.

가정의 언어 습관이 삶을 결정한다. 말이 부드럽고 서로를 존중하며, 작은 일에도 감사하는 집에서는 아이들이 자신감 있고 밝게 자란다. 반대로 한숨과 불평이 일상이 되는 집에서는 아이들의 마음도 위축된다. 말 한 마디는 순간이지만, 그 말이 남기는 습관과 정서는 평생을 간다. 언어는 교육이 아니라 환경이다.

사람은 말의 내용보다 말투에서 진심을 느낀다. 가까운 사람에게 따뜻한 말투는 사랑의 형태다. 예의는 '형식'이 아니라 '태도'이며, 태도는 곧 인격이고, 인격은 삶을 결정한다. 가까워질수록 말이 거칠어지고 태도가 느슨해지는 관계는 시간이 흐를수록 틈이 생긴다.

배우자가 지쳐 있을 때, "왜 그래?"가 아니라 "지금 많이 힘들지?"라고 말할 수 있는 사람, 자녀가 실수했을 때, "이게 뭐야, 왜 이렇게 못 해!"가 아니라 "괜찮아, 다시 해보자"라고 말할 수 있는 사람, 친구가 고민을 털어놓을 때, "내 말 좀 들어봐"가 아니라 "네 마음이 그랬겠구나"라고 들어주는 사람이 바로 큰 사람이다.

예의는 거리를 만드는 것이 아니라 품위를 세우는 것이며, 배려는 약점이 아니라 관계의 힘이다. 많은 사람이 사회에서는 예의를 지키지만, 가정에서는 감정을 숨기지 않는다. 그러나 진정한 인격자는 가정에서 더 부드럽고, 더 진실하며, 더 따뜻하다.

예의는 밖에서 보이기 위한 '연기'가 아니라, 집 안에서 자연스럽게 나오는 '습관'이어야 한다.

작은 배려가 쌓여 신뢰가 되고, 존중이 되고, 평생의 인연이 된다. 문을 열어주고, 말을 다 듣고, 작은 감사도 잊지 않고, 실수한 사람을 감싸주는 행동은 사소해 보이지만 인생을 움직이는 힘이다. 가까운 사람에게 예의를 지키는 사람은 상대만 품는 것이 아니라 자기 인생까지 품는다.

예의를 지킨다는 것은 자신의 마음을 다스리는 일이며, 감정을 관리하는 힘이자 관계를 지키는 지혜다. 가까운 사람에게 친절한 사람은 결국 세상에도 따뜻하다. 작은 배려, 사소한 존중, 짧은 한마디의 인사 속에도 인간의 품격이 깃든다.

친밀함은 소중하지만, 예의를 잃는 순간 독이 되기도 한다. 가족, 형제, 부부 관계도 마찬가지다. 가정이라는 울타리가 평생 든든하고 아름답게 유지되려면, 가까운 사람에게 더 따뜻하게 말하고, 더 성실하게 약속을 지키며, 더 정성껏 마음을 전해야 한다.

예의란, 단어 몇 개로 표현되는 기술이 아니다.

사람들은 예의를 '말투'나 '표현 방식'이라고 생각하지만, 그것은 본질이 아니다. 예의의 가장 깊은 뿌리는 마음을 어떻게 두고 사람을 대하는가 하는 문제다.
"고맙습니다."
"미안합니다."
이 말들은 좋은 예이다. 하지만 진짜 예의는, 이 말 뒤에 흐르는 존중의 결이다.
겉으로는 공손한데 속으로는 무시하는 마음이라면 그건 예의가 아니라 연기다. 반대로 말은 투박하지만 상대를 배려하는 마음이 있다면, 그것이 진짜 예의다.
나는 인생을 돌아보며 예의란 결국 사람을 사람답게 대하는 태도라는 사실을 확신하게 되었다.

따뜻한 말 대신 날카로운 말.
배려 대신 무심.
조용히 건너뛸 수 있는 말 한마디를 못 참고 내뱉는 습관. 이런 것들로 사람을 잃는다.
사람을 잃는 것은 큰 사건이 아니라, 이렇게 작은 무례의 반복에서 시작된다.

가까운 사람에게 예의를 지키는 것이야말로,
가장 깊은 사랑의 방식이라는 것을 나는 세월이 흐를수록 한 가지를 더 분명히 깨닫는다.

예의는 대단한 행동을 필요로 하지 않는다.
그저 작은 절제, 작은 배려, 작은 양보면 충분하다.
말투 하나의 온기
표정 하나의 부드러움
불필요한 잔소리를 삼키는 인내
상대의 하루를 인정하고 존중하는 태도
사소한 감사 표현을 아끼지 않는 습관
이렇듯 큰 것이 아닌 작은 것들이 가까운 관계를 오래, 깊게, 온전히 붙잡아 준다.

오래된 관계일수록 더욱 섬세해야 하는 이유는 상처가 쌓일 시간도 오래되기 때문이다.
가까운 사이에서 예의를 지킨다는 것은
"당신을 여전히 소중하게 생각합니다"라는 조용한 선언이다.
그 선언이 없는 사람은 겉으로는 함께여도 마음은 각자의 섬으로 흩어지기 쉽다.

사람은 따뜻하게 대우받는 곳을 떠나지 않는다.
그리고 따뜻함의 가장 깊은 원천은 존중이다.
예의가 지켜지면 관계는 시간이 갈수록 더 깊어지며 오해가 생겨도 쉽게 치유되고, 갈등이 있어도 금세 회복된다.

예의가 없는 관계는 거칠고 피곤하다.
조금만 사건이 생겨도 감정이 폭발하고, 오래 함께할수록 지치고 멀어진다.

그러나 예의가 있는 관계는 다르다.
그 관계는 부드럽고 평온하여 어떤 일이 닥쳐도 다시 돌아올 수 있는 안전지대가 된다.
예의는 결국 사람 사이의 윤활유이자, 인생을 부드럽게 만드는 최소한의 철학이다.

내가 나이를 먹으며 얻은 결론은 단순하다.
예의는 멀리 있는 사람에게 보여주기 위한 것이 아니라, 매일 곁에 있는 사람에게 지켜야 할 약속이다.
가까운 사람에게 예의를 잃지 않는 사람은 세상이 어떻게 흔들려도 중심을 잃지 않는다.

남에게 잘 보이려고 하는 예의는 언젠가 들키며 가까운 사람에게 지키는 예의는 그 사람의 품격과 인격을 그대로 드러낸다.
나는 앞으로도 이 약속을 지키고자 한다.
가까울수록 더 따뜻하게.
익숙할수록 더 조심스럽게.
오래될수록 더 깊은 정성으로.

그렇게 살아가는 사람이
인생의 마지막 순간에 덜 후회하고,
더 평온한 마음으로 삶을 정리할 수 있다고 나는 믿는다.

예의는 기술이 아니라 습관이고,
습관이 쌓이면 인격이 된다.
그 인격이 바로 사람의 참모습이고 마지막까지 남는 향기다.
나는 내 삶에서 그 향기를 잃지 않기 위해
오늘도 조심스럽게, 그러나 따뜻하게 사람을 대하려 한다.

누군가 내 삶을 기억한다면, 큰 업적 때문이 아니라,
그 사람이 나에게서 느꼈던 작은 배려 때문일 것이다.
그렇다면 그것으로 충분하다.

3. 칭찬의 힘과 인간의 성장

 사람들은 종종 이렇게 말한다.
"칭찬은 소도 웃는다."
단순한 속담 같지만, 그 안에는 인간 이해의 깊은 통찰이 숨겨 있다. 한마디 따뜻한 말이 사람의 마음을 움직이고, 삶의 방향을 바꾸며, 잊혀져 가던 꿈에도 다시 불을 붙일 수 있다.

우리는 흔히 거대한 성공을 위대함의 기준으로 삼는다. 하지만 사람을 진정으로 변화시키는 힘은 의외로 작은 말에서 비롯된다.
"잘했다." "넌 할 수 있어." "나는 네 가능성을 믿는다." 이런 말들이 쌓여 인생을 일으키고, 잠재력을 확장시키며, 사람을 다시 걷게 만든다. 칭찬은 단순한 말이 아니라, 영혼의 비타민이자 삶의 연료다.

말은 눈에 보이지 않지만 그 힘은 실로 막대하다. 한

사람을 병들게 하기도 하고, 한 사람을 위인으로 만들기도 한다.
예를 들어, 한 천재 소년이 있었다. 선생님은 그에게 말했다.
"너는 안 될 아이야."
그러나 소년의 어머니는 달랐다.
"넌 특별하다. 언젠가 세계가 인정할 사람이 될 거야."
현실은 누구의 말처럼 되었을까? 그의 성공은 어머니의 칭찬 덕분이었다. 가능성은 따뜻한 말 속에서 피어나고, 천재성은 격려와 사랑이라는 토양에서 꽃핀다.

가정은 인간 성장의 첫 번째 학교다. 부모의 칭찬은 아이의 자존심을 지키고, 세상을 향한 용기와 호기심을 키운다. 꾸중만 듣고 자란 아이는 어깨가 움츠러들고 세상을 두려워하지만, 사랑과 칭찬 속에 자란 아이는 밝게 세상을 바라보고 당당히 나아간다.
작은 칭찬은 때로 큰 변화를 만든다. 어린 시절, 엄마가 손수 만들어 준 점심을 칭찬받는 경험만으로도 아이는 자신이 사랑받고 있으며, 세상과 소통할 자격이 있음을 배우게 된다. 이런 작은 경험이 모여 자기 신뢰와 삶의 태도를 형성한다.

학교에서도 마찬가지다. 선생님이 아이의 작은 성취를

알아보고 칭찬할 때, 아이는 자신감을 얻고 학습에 대한 흥미를 키운다. "오늘 발표 정말 잘했어", "그 질문은 매우 창의적이었어" 같은 말은 단순한 칭찬을 넘어, 아이에게 자신의 능력을 믿게 하고 스스로 도전하도록 만드는 힘이 있다.

반대로, 아이가 실수했을 때 꾸중만 듣고 자란다면, 그는 실수를 두려워하고 창의적 도전에서 위축된다. 칭찬은 학습의 연료이며, 실패 속에서도 계속 나아가도록 격려하는 힘이다.

직장에서도 리더의 칭찬이 팀의 동기를 좌우한다. 직원 한 명 한 명의 노력과 성과를 알아보고 인정하는 문화는 조직 전체의 생산성과 분위기를 바꾼다.

단순한 말 한마디, "오늘 프로젝트 잘 마무리했어."라는 말이 직원에게는 보상과 동기, 그리고 소속감을 준다.

나 역시 경험한 일이 있다. 초기 창업 시절, 함께 일하던 직원이 작은 실수를 했지만 솔직하게 보고했다. 나는 그를 꾸중하기보다는 먼저 "용기 있게 말해줘서 고맙다"라고 칭찬했다. 그는 더욱 책임감을 가지고 문제를 해결했고, 그 후로 우리 팀에는 솔직함과 도전이 자연스럽게 자리 잡았다. 작은 칭찬이 조직 문화를 바꾸는 순간이었다.

사회적 관계에서도 칭찬은 중요한 힘을 가진다. 정치인이나 지도자는 말과 행동으로 사람의 마음을 움직인다. 링컨 대통령은 장군과 병사들에게 사소한 노력과 용기를 칭찬하는 것을 잊지 않았다. 젊은 장군들은 그의 격려 속에서 자신감을 얻고, 나라를 위해 헌신할 용기를 얻었다.

위대한 지도자들은 뛰어난 지혜뿐 아니라, 사람의 마음을 움직이는 칭찬과 격려를 아끼지 않는다. 작은 칭찬 하나가 조직과 국가를 움직이는 동력이 될 수 있다는 사실은, 개인의 삶에도 고스란히 적용된다.

심리학 연구에 따르면, 칭찬을 들으면 뇌에서 도파민과 세로토닌이 증가해 동기, 자신감, 행복감을 촉진하며, 면역 체계에도 긍정적 영향을 준다고 한다. 말은 단순한 언어가 아니라, 사람의 뇌와 몸을 건강하게 하는 강력한 도구다.

꾸중과 비난만 듣고 자란 사람은 세상을 두려움과 불신으로 바라보지만, 칭찬과 격려 속에 성장한 사람은 자신과 타인을 믿고, 세상을 밝게 바라보며 도전을 두려워하지 않는다.

칭찬은 쓰면 쓸수록 돌아온다. 예를 들어 식당에서 "맛있었습니다" 한마디만 해도, 하루의 분위기는 달라진다.

작은 성취에도 진심으로 기뻐하고 격려하는 사람 주변에는 사람들이 모인다. 마음이 풍부한 사람은 인생도 넓다.

가끔 나는 길을 걷다 모르는 사람이 건네는 따뜻한 한마디에 하루 종일 기분이 좋아진 적이 있다. 그 순간, 나는 말이 가진 힘을 다시금 느낄 수 있었다. 세상의 모든 칭찬은 누군가에게는 큰 힘이 되고, 그 힘은 연쇄적으로 퍼져 주변 사람들의 마음까지 따뜻하게 만든다. 작은 칭찬 하나가 사람을 일으키고, 하루를 밝히며, 결국 세상을 조금씩 더 좋은 곳으로 변화시키는 씨앗이 된다.

주는 삶을 사는 사람, 칭찬할 줄 아는 사람, 봉사하고 기부하는 사람은 마음이 넓기 때문에 신뢰와 지지를 얻는다. 칭찬은 단순한 말이 아니라, 관계와 삶의 질을 결정짓는 거름과 같다. 부모가 아낌없이 칭찬을 건네며 자녀를 길렀다면, 그 자녀는 자라서 부모에게도 같은 방식으로 인정과 사랑을 돌려준다. 어릴 적 받은 따뜻한 말 한마디는 마음속에 오래 남아, 세월이 흘러 역할이 바뀌었을 때 다시 부모를 향해 흐르는 법이다. 사람은 받은 방식대로 칭찬하고, 겪은 방식대로 행동한다.
효도 역시 마찬가지다. 단순히 의무가 아닌, 따뜻한 칭찬과 인정 속에서 품격 있는 가정이 만들어진다. 사람은 늙고, 주름지고, 기억도 희미해진다. 그 과정을 지켜보며 "수고했어, 고마워"라고 진심으로 칭찬하고 격려하는 것이 가족에게 주는 사랑의 가장 깊은 형태다.

칭찬은 사람을 일으키는 힘이고, 성장을 돕는 비결이며, 관계를 아름답게 만드는 마법이다. 결국 우리는 인생에서 말로 상처받고, 말로 치유된다.
어려움 속에서도 상대를 존중하고 힘을 북돋아주는 사람, 말과 행동으로 격려를 아끼지 않는 사람이 바로 인생을 아름답게 만드는 사람이다.

오늘, 누군가에게 따뜻한 한마디를 건네보자.
"오늘 수고 많았어요."
"잘하고 있어, 계속해 보자."
"네 가능성을 믿어."
그 말이 누군가의 하루를 바꾸고, 한 사람의 인생을 일으킬 수도 있다. 오늘의 작은 칭찬이 쌓이면, 내일은 큰 희망이 되고, 결국 사람과 세상을 변화시키는 힘이 된다.

인생의 끝에서 돌아보면, 우리가 남기는 것은 돈이나 명예가 아니라, 사람에게 건넨 칭찬과 격려, 그리고 그로 인해 피어난 마음의 온기다. 사람은 마음의 크기만 큰 세상을 품는다. 격려와 칭찬으로 마음을 넓힌 사람, 어려움 속에서도 상대를 존중하고 힘을 북돋아 주는 사람, 그가 바로 인생을 아름답게 만드는 사람이다.
칭찬은 큰 인물을 만드는 자양분이자 성장으로 이끄는 비타민이다.

파워코리아에서 이재명 대통령과 함께

'파워코리아' : 각계의 숨은 노력과 성과를 조명하는 매체로, 나라의 미래를 밝히는 사람들을 널리 알리는 역할을 하고 있다.

4. 겸손은 삶의 깊이를 더하는 힘이다.

　나는 젊었을 때 자신감과 자부심이 넘쳐, 종종 내 능력을 실제보다 과대평가하고 다른 사람을 얕잡아보곤 했다. 세상은 내 중심으로 돌아가고, 내 판단이 가장 옳다고 믿었으며, 타인의 조언이나 경험은 별 의미가 없었다. 마치 세상이 내 뜻대로 움직이는 것처럼 느껴졌고, 나는 그것이 자연스러운 일이라고 생각했다. 그 시절의 나는 매사에 급했고, 조급한 마음 속에 서두르면서도 나의 판단이 언제나 옳다는 확신을 가지고 있었다. 그러나 시간이 흐르고, 다양한 사람을 만나고, 여러 번의 실패와 좌절을 경험하며, 진정한 성장은 자신을 낮추고 배우려는 겸손에서 비롯된다는 것을 깨달았다.

사업을 시작하고 첫 프로젝트를 맡았을 때, 나는 직원들의 의견을 무시하고 혼자 결정을 내린 적이 있었다. 그때 나는 자신의 판단력이 뛰어나다고 믿었고, 주변의 조언이 오히려 속도를 늦출 것이라 생각했다. 결과는 참담했다. 제품 출시가 지연되면서 고객 불만이 쏟아졌고, 내부 직원들은 실망과 긴장 속에서 나를 바라보았다. 나는 그때 처음으로 실패의 무게를 온몸으로 느꼈다.

한 선배가 말했다. "젊었을 때는 누구나 세상을 다 안다고 생각하지만, 진정한 지혜는 조금 낮은 시선에서 세상을 바라볼 때 생긴다." 젊은 나는 그 말의 깊이를 이해하지 못했지만, 세월과 경험을 통해 비로소 그 의미를 알게 되었다. 겸손은 자신의 한계를 인정하고 배우기를 멈추지 않는 데서 시작된다.

그 후, 나는 한 발 더 내려놓는 삶을 실천하려 노력했다. 사업 초기, 일정 지연으로 직원과 고객의 불만이 겹쳤을 때 나는 화를 내지 않고 상황을 차분히 분석했다. 문제의 원인을 찾고, 개선 방안을 함께 논의했다. 처음에는 직원들이 어리둥절해했지만, 조금씩 변화를 느꼈다. 그 과정에서 나도 배웠다. 겸손은 단순히 예의가 아니라, 신뢰를 쌓고, 사람과 조직이 함께 성장하도록 만드는 힘이라는 것을 몸으로 깨달았다.

거래처와 계약 문제로 갈등이 생겼을 때도 마찬가지였다. 그때 나는 자신의 실수를 인정하고 솔직히 사과했더니 놀랍게도 거래처는 오히려 나를 신뢰했고, 관계는 장기적인 협력으로 이어졌다. 만약 실패를 숨기고 오만하게 대응했다면 그 관계는 단절되었을 것이다. 겸손은 실패 속에서도 배움의 기회를 만들고, 더 큰 성취로 이어지게 한다.

나는 직원에게 명령만 내리는 상사가 되지 않기 위해 매일 아침 시간을 내어 커피를 마시며 대화를 나누었다. 작은 고민까지 듣고 조언을 구하며 서로를 존중하는 문화를 만들었다. 한 번은 직원이 중요한 고객의 요청을 놓쳐 문제가 발생했지만, 나는 큰 소리를 내지 않고 원인 분석과 개선 방안을 함께 논의했다. 그 경험 이후, 직원은 더 책임감 있게 일했고, 나 또한 사람을 존중하는 방식으로 리더십을 발휘하는 방법을 배웠다.

겸손은 마음의 평화를 가져온다. 오만과 교만은 불안과 분노를 낳지만, 겸손은 타인을 이해하고 용서하며 내 안에 여유와 평온을 만든다. 나는 가족, 친구, 직원과의 관계에서 이 평화를 유지하려 노력했다. 덕분에 수많은 갈등 속에서도 마음의 상처는 최소화될 수 있었다. 겸손은 단순한 미덕이 아니라, 삶을 견디고 사랑을 이어주는 힘이다. 나는 오늘도 겸손을 습관처럼 실천하며 살아간다.

어린 시절, 부모님은 몸소 겸손을 보여주셨다. 집안에 손님이 오시면, 늘 자신보다 상대를 먼저 배려하며 정중하게 말씀하셨다. "당신이 수고했네요. 덕분에 집안이 편안해졌어요." 나는 그때 겸손이 단순한 예의가 아니라 사람의 마음을 움직이고 관계를 따뜻하게 만드는 힘임을 배웠다.

학교에서도 겸손은 실천으로 이어졌다. 공부를 잘하는 친구가 있어도 시기하거나 비교하지 않고, 그 친구의 노력을 인정하며 칭찬했다. 과학 경진대회에서 친구가 1등을 했을 때, 나는 솔직히 부러웠지만 "정말 대단해, 잘했어"라고 말했다. 그 한마디가 관계를 단단하게 만들고, 공동체 안에서 신뢰를 쌓는 중요한 통로가 되었다.

직장에서의 겸손 또한 필수적이다. 동료가 부족한 점을 지적해도 방어적으로 대응하지 않고 받아들이면, 동료는 나를 더 신뢰하게 된다. 겸손은 공동체 속에서 자신의 역할을 올바르게 수행하게 하고, 사람들을 하나로 연결하는 힘이다.

나는 길을 걷다 모르는 사람이 건넨 따뜻한 말 한마디에도 하루 종일 마음이 밝아지고 기분이 좋아진 경험을 여러 번 했다. 그런 순간을 떠올리며, 나 역시 주변 사람들에게 작은 칭찬과 격려를 꾸준히 건네는 습관을 실천했다. 사소한 배려와 인정이 사람들 사이의 신뢰와 친밀감을 쌓는 데 얼마나 큰 힘이 되는지 몸소 느낄 수 있었다.

이렇듯 겸손과 칭찬은 서로를 완성시키는 힘을 지닌다. 단순한 말 한마디나 행동이라도, 상대를 존중하고 인정하는 마음이 담기면 관계의 질은 눈에 띄게 달라진다. 작은 겸손과 칭찬의 실천이 쌓이면 하루가 밝아지고 사람 사이의 신뢰가 깊어진다. 그 결과 세상은 조금 더 따뜻한 공간이 되고, 서로를 향한 배려와 인정이 확산된다. 겸손과 칭찬은 단순한 미덕이 아니라, 삶을 깊고 풍요롭게 만드는 연결고리이자 사람을 성장시키는 원동력이다.

연예계에서도 겸손 없는 성공은 오래가지 못한다. 인기 절정의 연예인이 교만해지면 주변을 돌아보지 못하고, 선배조차 무시하며 평판을 잃는다. 결국 잘못된 선택과 유혹으로 삶이 무너진다. 겸손의 반대말은 교만이다. 교만은 사람을 눈멀게 하고, 타인을 업신여기게 한다. 아무리 화려한 자리도 겸손 없이는 오래 버틸 수 없다. 겸손은 사람의 인격을 지켜주는 마지막 안전장치이며,

인생을 길게 보고 가는 사람이 반드시 품어야 할 덕목이다.
겸손은 사람과 사람 사이를 잇는 다리이며, 삶을 아름답게 만드는 힘이다. 배움과 존중, 배려와 성찰 속에서 겸손은 스스로를 단단하게 만들고, 타인을 따뜻하게 바라보게 하며, 인생의 깊이를 한층 더 성숙하게 한다.

매일 밤 나는 하루를 돌아보며 스스로에게 묻는다.
"오늘 나는 겸손하게 살았는가?"
이 질문은 단순한 자기 점검이 아니라, 나를 다시 세우는 나침반이다. 말과 행동, 사람에게 건넨 마음을 되돌아보며 성찰하게 하고, 더 나은 나로 성장하게 한다.
나는 오늘도 작은 말과 행동 속에서 겸손을 실천하며, 그 과정에서 나 자신 또한 더 성숙해지고 사람들과의 관계가 한층 견고해짐을 느낀다. 작은 습관의 반복 속에서, 나는 겸손이 삶을 바꾸고 관계를 풍요롭게 하며, 인생의 깊이를 더하는 진정한 힘임을 매일 확인한다. 겸손과 칭찬은 서로를 향한 마음의 다리가 되어, 우리 삶을 따뜻하고 의미 있게 만드는 힘으로 자리 잡는다.

겸손은 또한 내 안의 불필요한 긴장과 경쟁심을 줄여준다. 나는 예전에는 늘 누군가와 비교하며 불안을 느끼고, 나 자신을 증명하기 위해 안간힘을 썼다. 하지만 겸손을 배우면서, 경쟁은 상대를 이기기 위해서가 아니라 함께 배우고 성장하기 위한 과정이라는 사실을 이해하게 되었다. 친구나 동료가 성공하거나 더 나은 성과를 내더라도, 나는 질투보다는 진심 어린 축하와 배움을 택했다. 그 태도는 관계를 더 단단하게 만들었고, 나의 삶에도 평화를 가져왔다.

나는 겸손을 통해, 작은 친절과 배려가 얼마나 큰 변화를 만들어내는지도 깨달았다. 하루를 살아가면서 마주치는 사람들에게 고마움을 표현하고, 배려를 행동으로 보여주는 순간들은 단순하지만 강력한 힘을 가진다. 길을 걷다 모르는 사람이 건넨 따뜻한 미소에 하루 종일 마음이 밝아지듯, 내가 누군가에게 작은 인정과 격려를 건넬 때, 그것은 곧 내가 속한 공동체 전체에 긍정의 파동을 만든다.

겸손은 자신을 객관적으로 바라보게 하고, 불필요한 자존심을 내려놓는 훈련이기도 하다. 나는 스스로를 돌아보며 매 순간 부족한 점을 인정하려고 노력한다. 이 과정에서 나는 더 나은 판단을 내릴 수 있고, 사람들과의 소통에서도 더 깊은 신뢰를 쌓는다. 겸손한 마음은 상대방에게 '안심'을 준다. 나와 관계를 맺는 사람들이 나의 오만이나 방어적 태도로부터 자유로워질 때, 그 관계는 오히려 더 견고해진다.

삶 속에서 겸손은 예측하지 못한 순간에도 나를 지켜준다. 큰 결정 앞에서 교만에 흔들리지 않고, 의견이 충돌할 때도 상대의 입장을 먼저 이해하려고 하는 태도는, 종종 문제를 해결하는 가장 빠른 길이 되었다. 나는 겸손 덕분에 직장과 가정, 사회적 관계에서 크고 작은 위기를 슬기롭게 넘어갈 수 있었다. 이처럼 겸손은 단순한 미덕이 아니라, 실천적 생존 전략이자 삶의 지혜임을 알게 되었다.

또한 겸손은 내면의 강인함을 길러준다. 겸손한 사람은 타인에게 의존하지 않고 스스로를 점검하며, 자신의 부족함을 인정하면서도 좌절에 휘둘리지 않는다. 나는 실패와 실수 앞에서 겸손을 선택할 때, 오히려 흔들리지 않고 현실을 직시할 수 있었고, 더 나은 해결책을 찾을 수 있었다. 스스로를 낮추는 것이 아니라, 스스로를 정직하게 바라보는 힘이 겸손에서 비롯됨을 알게 된 것이다.

겸손은 또한 배움의 문을 여는 열쇠다. 나는 어떤 지위에 있거나 경험이 많다고 해서 배움을 멈추지 않는다. 오히려 겸손하게 배우려는 마음이 있을 때, 더 많은 사람과 지식이 내게 스며든다. 때로는 어린아이에게서, 때로는 경험 많은 동료에게서도 배우는 기쁨을 느꼈다. 배우려는 겸손은 삶을 끊임없이 확장시키고, 내 사고와 마음을 유연하게 하였다.

말과 행동, 선택과 배려 속에서 작은 겸손이 쌓일 때, 사람은 단단해지고, 관계는 건강해지며, 세상은 조금 더 따뜻해진다. 나는 앞으로도 겸손을 삶의 기준으로 삼아, 배움과 존중, 사랑과 평화를 이어가는 길을 걷고자 한다. 이것이 내 삶을 풍요롭게 하고, 나를 둘러싼 모든 존재와 세상을 아름답게 만드는 유일한 방법임을 나는 믿는다.

마지막으로, 나는 겸손이 삶을 길게 보는 힘이라고 믿는다. 사람들은 흔히 빠른 성과와 눈에 보이는 성공만을 좇지만, 겸손은 단기적인 이익보다 장기적인 성숙과 관계를 우선하게 한다. 그 과정에서 삶의 질은 높아지고, 주변과의 관계는 건강해지며, 결국 인생의 깊이와 풍요로움이 더해진다.

5. 신념의 힘

 신념을 굳게 품으면, 삶은 그 믿음이 이끄는 방향대로 흘러간다. 나는 살아오며 이런 경험을 수없이 겪었다. 귀신이 있다고 믿는 사람의 세계에는 실제로 귀신이 존재하듯 나타난다. 그래서 굿을 하고, 그 과정에서 두려움과 안도감이 공존한다. 반대로 과학적 사고를 가진 사람은 그와 같은 경험을 하지 않기 때문에 귀신의 존재 자체를 부정한다.

거울이 깨지면 불운이 찾아온다고 믿는 경우도 같다. 그렇게 믿는 사람은 작은 일에도 불운을 떠올려 스스로 기운을 잃는다. 그러나 그것을 단순한 사고로 보는 사람에게는 아무 일도 일어나지 않는다.
나는 이 모든 경험을 통해 신념이 곧 현실을 만든다는 사실을 깨달았다.

"마음을 먹는 것이 가장 중요하다."

"모든 일은 하기 나름이다."
나는 이 두 문장을 오래도록 가슴에 새겼다. 마음을 먹는 순간 행동이 달라지고, 행동이 달라지면 결과도 달라진다. 마음먹기가 결심을 일으키는 힘이라면, 자기 암시는 그 결심을 더욱 단단하게 굳혀주는 과정이다.

기도 역시 같은 원리를 가진다. 자신의 능력을 믿고, 신의 도움을 구하며 간절히 기도할 때 마음은 위안과 용기를 얻게 된다. 햇빛을 주시고, 비를 내리고, 만물을 창조하신 분은 우리의 노력에 결실을 주신다. 그래서 나는 지금도 종종 두 손을 모아 건강과 성공, 소망의 성취를 기도하며 마음속 평화를 얻는다. 기도는 단순한 위안이 아니라 삶을 움직이는 동력이 된다.

기적이란, 흔히 일어나기 어려운 놀라운 일을 말한다. 그러나 나는 기적이 존재한다고 믿는다. 인간의 잠재의식은 무한한 가능성을 품고 있기 때문이다.
달로 가는 우주여행이 현실이 되고, 시속 천 킬로미터의 비행기가 하늘을 가르는 것을 보며 나는 확신했다. 이러한 발전은 단순한 기술력의 산물이 아니라 인간의 신념과 상상력이 만든 기적이었다.

과학자, 발명가, 작곡가, 작가들이 경이로운 작품을 만들어 내는 것 역시 같은 이치다. 번득이는 영감은 하루 아침에 생기는 것이 아니라, 평소 쌓아온 경험과 생각이 잠재의식 속에서 연결되며 탄생하는 작은 기적이다. 잠재의식을 자극하면 창조는 놀라울 정도로 풍성해진다.

나는 사람과의 관계에서도 신념의 중요성을 느꼈다.
강사, 정치인, 목사처럼 사람들 앞에 서는 직업을 가진 사람들은 연단에 오르기 전 거울을 보며 스스로를 점검한다. 단정함, 자신감, 태도 하나까지 살핀다.
왜냐하면 연단에 선다는 것은 결국 자신을 파는 일이기 때문이다.
정치인은 유권자에게 신뢰를 팔고, 의사는 환자에게 믿음을 준다. 남자는 연인에게 진심을 보여주고, 사람은 서로에게 자신을 드러내며 살아간다.
아름다움을 가꾸고 단정함을 유지하는 것은 자신을 표현하고 세상과 소통하는 방법이다.

신념과 마음먹기는 단순한 생각이 아니다.
그것은 행동을 바꾸고, 삶의 흐름을 바꾸며, 때로는 기적을 일으킨다.
같은 사건도 어떤 믿음을 갖고 있느냐에 따라 전혀 다른 결과를 만들어 낸다.

신념의 힘을 아는 사람은 세상의 한계에 갇히지 않는다. 그런 사람은 자신의 가능성을 믿고, 세상에 새로운 길을 여는 사람이다.

준비되지 않은 상태에서 갑자기 잘되는 일은 없다.
요즘은 로또 같은 횡재로 부자가 되기를 꿈꾸는 이들도 많지만, 그것은 하늘의 별을 따는 것과 같다.
부를 이루기 위해서는 노력, 지혜, 경험이 반드시 필요하다.

필자의 강의를 듣는 고객의 일화이다.
그녀는 성실했고 삶의 이치를 잘 아는 사람이었지만, 운명은 잔혹했다.
부모와 남편을 연이어 잃었고, 혈혈단신으로 세상에 남겨졌다.
남은 것은 부모가 남긴 방 네 개짜리 작은 집 한 채뿐이었다.

앞으로 어떻게 살아가야 할지 막막하여 깊은 고민 끝에 그녀는 결심했다.
방 네 개를 활용해 하숙을 시작한 것이다.
자신은 베란다에서 자고, 네 개의 방에 여덟 명의 여대생을 받았다.

그랬더니 매달 월세 수익이 400만 원이었다.
하지만 여덟 명의 식사를 준비하는 일은 결코 쉽지 않았다. 한 달 480그릇의 밥상을 준비하는 노동은 만만치 않았다.
하지만 그녀는 음식 솜씨가 날로 늘어났다.
새벽마다 신선한 재료를 사고, 맛을 다듬는 과정에서 요리는 점점 더 깊어졌다.
하숙생들은 그녀의 따뜻한 밥상을 칭찬했고, 이 칭찬은 그녀에게 새로운 자신감을 심어주었다.

3년 후, 그녀는 결심했다.
집을 팔고 소탈한 상호로 '가정집 밥상'이라는 이름의 한정식 백반집을 창업한 것이다.
그리고 기적 같은 일이 일어났다.
손님이 넘쳐났고, 입소문은 퍼져 개업 3년 만에 분점을 낼 정도로 성장했다.

그녀의 성공에는 분명한 원칙이 있었다.
한 번 찾은 손님을 기억하고, 음식은 깔끔하고 신선하게, 직원에게는 친절과 위생을 철저히 교육했다.
이 원칙은 그녀가 일본 여행에서 보고 배운 서비스 정신에서 비롯되었다.

그녀는 사람을 상대하는 일의 어려움도 잘 알았다.
도시락 주문이 늘고, 손님이 많아지면서 다양한 사람을 만나야 했다.
억지로 우기거나 시비를 거는 손님도 있었고, 자발머리도 없이 112부터 누르는 손님도 있었다.
하지만 그녀는 항상 겸손하고 침착하게 대응했다.
"지는 것이 이기는 것"이라는 마음으로 감정조절을 최우선 원칙으로 삼았다.
그녀의 태도가 결국 더 큰 신뢰를 만들었다.
신념을 가지고 행동하면 기적은 만들어진다는 것을 그녀의 삶이 보여주었다.

인생이 행복하려면 무엇보다 마음이 편해야 한다.
불평과 불만, 다툼과 욕심은 마음의 독이 되어 결국 건강을 무너뜨린다.
하지만 마음속의 독은 결국 몸을 해친다는 사실을 성장하며 깨달았다.

스트레스는 눈에 보이지 않아도 몸을 잠식한다.
쥐를 대상으로 한 실험에서, 천적인 고양이가 나타나는 환경에 놓인 쥐들은 위장과 심장이 손상되는 현상이 발견되었다.
인간도 다르지 않다.

스트레스는 면역력을 떨어뜨리고, 각종 질환을 일으키는 핵심 요인이다.
그래서 나는 마음을 다스리는 다양한 방법을 찾았다.
그중 가장 효과적인 것은 걷기였다.
괴로운 일이 있을 때마다 걷다 보면 마음이 가라앉았고, 강가를 걸으면 마음이 정리되었다.

걷기는 단순한 운동이 아니라 삶을 지켜주는 힘이었다.
건강하게 오래 살기 위해서는 반드시 움직여야 한다.
보폭이 좁은 사람은 치매 확률이 높지만, 일부러 보폭을 넓혀 걸으면 뇌가 활성화되고 생명력도 강해진다.
4천 보는 우울증 예방,
5천 보는 치매·뇌졸중 예방,
6천 보는 심장질환 예방,
7천 보는 암 예방,
8천 보는 고혈압·당뇨 예방,
9천 보는 건망증 예방,
만 보는 건강 장수의 기준이 된다.
기계처럼 사람도 움직일수록 좋아지고, 쓰지 않으면 기능이 퇴화한다. 그래서 나는 바쁜 와중에도 하루 20~30분씩 반드시 걷거나 몸을 움직였다.
이 습관은 마음을 지키고, 건강을 지키고, 삶 전체를 지켜주었다.

나는 살아오면서 수많은 순간에 신념의 힘을 느껴왔다. 신념은 단순한 믿음이 아니라, 삶을 견디고 앞으로 나아가게 하는 내면의 힘이다.
신념이 있으면 두려움 속에서도 길을 잃지 않는다. 내가 세운 목표, 내가 지켜야 할 가치, 내가 믿는 바를 흔들림 없이 붙들 때, 삶의 어려움과 역경은 단순한 장애물이 아니라 성장과 배움의 기회가 된다.

어린 시절, 주변 사람들은 내가 꿈꾸던 길을 쉽게 이해하지 못했다. 하지만 나는 마음속 깊이
"나는 할 수 있다. 반드시 해낼 것이다."라는 신념을 지켰다. 아무도 믿지 않을 때조차 내가 나를 믿는 힘, 그것이 가장 큰 동력이 되었다.

신념은 눈에 보이지 않지만 그 힘은 행동으로, 결과로, 사람들의 마음을 움직이는 방식으로 드러난다. 세상에는 나를 시험하는 순간이 많지만, 흔들리지 않는 신념은 나를 다시 일으키고 앞으로 나아가게 한다.
내가 살아오며 가장 많이 느낀 것은, 신념은 혼자의 힘으로만 완성되지 않는다는 점이다. 신념을 지키는 과정에서 만나는 사람들의 격려와 지지는, 그 신념을 현실로 만드는 원동력이 된다. 때로는 부모의 믿음, 친구의 응원, 스승의 격려가 나의 신념을 더욱 단단하게 다져

주었다.

신념을 가진 사람은 삶의 방향을 분명히 알고 있어서 흔들리지 않는 가치와 목표가 있기에, 유혹과 어려움 속에서도 자신의 길을 걷는다. 신념은 단순한 이상이나 꿈이 아니다. 그것은 삶의 선택과 행동을 지탱하는 뿌리이며, 나를 나답게 만드는 근본이다.

나는 지금도 매일 내 신념을 점검한다. 내가 하는 일, 만나는 사람, 선택하는 길이 내 신념과 맞닿아 있는지를 스스로 묻는다. 그 질문 속에서 겸손과 성찰이 싹트고, 작은 선택 하나에도 책임감과 확신이 담기게 된다.

신념을 지키며 살아가는 삶은 쉽지 않다. 때로는 외로움과 두려움 속에 놓이기도 한다. 하지만 신념은 결국 나를 넘어 주변 사람들에게도 힘이 된다. 신념 있는 사람의 말과 행동은 설득력이 있고, 사람들은 그 믿음을 신뢰한다.

결국 신념은 우리 삶의 원동력이며, 흔들리지 않는 마음의 중심이다. 내가 세운 신념이 나를 이끌고, 또 다른 사람들에게 희망과 용기를 전할 수 있을 때, 그것이 바로 신념이 가진 진정한 힘이다.

오늘도 나는 내 신념을 떠올리며, 삶 속에서 그 믿음을 실천하려 한다. 작은 행동 하나에도 신념이 스며들고, 그 신념은 내일의 나를 더욱 단단하게 만들 것이다.
아침에 일어나 마주하는 사소한 선택들
누군가에게 친절을 베풀 것인가,
시간을 낭비할 것인가,
한 걸음 더 나아가 도전할 것인가.
모두 내 신념의 시험대다. 신념은 거창한 계획 속에서만 나타나는 것이 아니라, 평범한 하루의 연속 속에서도 숨 쉬듯 스며든다.

내가 믿는 가치와 원칙이 내 행동과 일치할 때, 나는 비로소 흔들리지 않는 중심을 발견한다. 그리고 그 중심이 쌓여 하루하루를 견디고 앞으로 나아갈 힘이 된다. 신념은 눈에 보이지 않는 작은 씨앗 같아서, 꾸준히 물을 주고 가꾸지 않으면 자라지 않지만, 조금씩 성숙하면 결국 내 삶 전체를 품는 나무가 된다.

제2장 인생의 생애
6. 흙냄새 속의 소년

 나는 지금도 흙냄새를 맡으면 마음이 편안해진다. 그 냄새 속에는 나의 어린 시절, 나의 출발점이 담겨 있기 때문이다.

1964년, 전라북도 남원시 산동면 대상리라는 작은 마을에서 나는 여섯 남매 중 첫째로 태어났다. 아버지는 새벽부터 밭으로 나가셨고, 어머니는 들에서 돌아오면 장작불로 밥을 지으셨다. 집은 넉넉하지 않았지만, 사랑과 정으로 가득 차 있었다. 아버지의 굳은 손마디, 어머니의 따뜻한 눈길, 흙 묻은 내 발바닥… 그 모든 것이 내 인생의 뿌리가 되었다.

고향인 대상리의 사계절은 내 삶을 풍요롭게 만들었다. 그곳은 언제나 다소곳하고 정이 많은 동네였다. 사방으로 펼쳐진 푸른 들판은 계절마다 색을 달리하며, 하루의 시작과 끝을 나에게 가르쳐 주었다. 하늘은 늘 해맑았고, 산은 푸르름을 잃지 않았으며, 동네 앞을 흐르는 시냇물은 한 번도 고이지 않고 졸졸졸 흐르며 언제든 물장구를 칠 수 있게 나를 초대했다. 시냇물 위를 내려다보며 작은 돌을 던지고, 물보라가 일어나는 소리를 듣던 시간은 내 어린 시절의 가장 순수한 행복이었다.

옆 소나무 정자나무는 계절마다 짙은 녹색으로 물들어 있었고, 바람이 불면 소나무 가지가 서로 부딪히며 내 마음속에 잔잔한 음악을 만들어 주었다. 새벽에 눈을 뜨면 집 앞마당에는 장미꽃이 활짝 피어 있었고, 그 향기는 아직도 기억 속에서 생생하게 살아 숨쉰다. 마당 옆 연못에는 내가 생각하기에는 엄청나게 큰 잉어가 유유히 헤엄치고 있었는데, 그 잉어를 바라보며 자연과 생명의 신비를 처음으로 느꼈던 순간을 지금도 잊을 수 없다. 지리산 자락에는 산나물이 지천으로 돋아나고, 자연이 선물한 푸른 먹거리들이 풍성한 곳이다.

사계절의 변화와 함께 고향의 모든 풍경은 단순한 자연이 아니라 나에게 세상을 바라보는 눈과 마음을 가르쳐 준 선생님과 같았다. 봄이면 들판 가득한 꽃과 새싹이, 여름이면 시원한 시냇물과 우거진 소나무 숲이, 가을이면 황금빛 곡식과 풍성한 수확이, 겨울이면 흰 눈이 덮인 들판과 얼어붙은 연못이 내 감각과 감정을 풍부하게 채워주었다. 나는 그 속에서 뛰놀며, 보고, 듣고, 만지며, 작은 것들의 소중함을 배워 갔다.

학교에 가기 위해 논둑길을 걸을 때면, 신발이 진흙에 빠지는 일이 잦았다.
그럴 때마다 나는 신발을 벗고 맨발로 걸었다.
발바닥이 까져도 이상하게 기분은 나쁘지 않았다.
'이 길의 내 인생의 시작이겠구나' 하는 막연한 느낌이 있었던 것 같다.

친구들과 함께한 시간은 내 어린 시절의 가장 큰 행복이었다. 해가 질 때까지 숨바꼭질을 하고, 여름이면 시냇가에서 물싸움을 하고, 겨울이면 얼어붙은 연못 위에서 미끄럼틀 놀이를 했다.
나는 친구와 새로운 놀이를 배우곤 했다. 하루는 물장구치다가 서로 밀치며 시냇물에 빠졌는데, 그날 웃다가 체온이 다 식어버리기도 했다. 그러나 그 순간만큼은 자유와 즐거움이 무엇인지 온몸으로 느꼈다.

우리 집은 엄격하고 고지식하신 할아버지, 할머니 아래 있었다. 부모님은 나를 따뜻하게 품어주셨고, 언제나 나의 이야기에 귀를 기울여주셨다. 속절없이 고생하시며 아버지는 아무 욕심도 없이 그저 동생들 잘되기를 바라며 살아온 불쌍하고도 가여운 분이다. 단 한 번도 자신을 위해 욕심을 부리지 않으셨던 아버지를 생각하면 찢어지듯 아픔이 밀려온다. 그런 아버지의 모습은 늘 나를 숙연하게 했다.

세상 물정 모르고 오직 자식들이 잘되기를 바라는 마음으로 하루하루를 살아오신 어머니 또한 그 누구에게도 하소연하지 않으셨다. 아버지와 마찬가지로 자신의 삶보다 가족을 먼저 생각하셨던 어머니의 모습은, 어린 나에게 깊은 인내와 헌신의 의미를 가르쳐 주었다.
어머니는 들에서 돌아오면 장작불에 불을 지펴 가마솥에 밥을 짓고, 된장찌개와 시금치 나물, 김치를 정성껏 준비하셨다. 그 향기가 온 집안에 퍼지면, 나와 형제들은 아무 말 없이도 마음이 편안해졌다.
"어머니, 오늘 된장찌개 맛있네요." 하면 "그래 잘 먹어줘서 고맙다." 그 짧은 대화 속에도 사랑이 스며 있었다.

나의 어머니와 함께

할머니는 밤이면 옛이야기를 들려주셨다. 선조들의 삶, 신화와 전설 등 수많은 이야기를 들으며 자랐다. 그중에서도 가장 기다려지던 것은 춘향전 이야기였다. 300년 전 숙종 시대를 배경으로 한 이몽룡과 성춘향의 사랑 이야기는, 어린 내 마음에도 흥미진진하게 다가왔다. 할머니는 워낙 말재주가 있으셔서 단순히 이야기를 들려주는 것이 아니라, 이야기 속 인물들의 목소리와 표정, 장면 하나하나를 생생하게 살아 움직이게 하셨다. 성춘향의 당찬 눈빛과 이몽룡의 진심 어린 마음, 그 시대의 풍경과 사람들의 웃음과 눈물까지, 나는 할머니의 목소리를 따라 마음속으로 함께 여행을 떠났다.
나는 그 이야기를 들으며 상상 속에서 산과 강을 넘고, 바람과 햇살과 이야기를 나누는 모험가가 되었다. 밤하늘의 별빛 아래 나는 자주 꿈을 꾸었다.

마을 사람들과의 정 또한 깊었다. 명절이면 서로 음식을 나누고, 농사철에는 함께 일손을 돕고, 농민 체육대회에서는 꽹과리, 장구, 북을 치며 흥겨운 시간을 보냈다. 장터에서 신기한 장난감을 구경하거나, 마을 축제에서 어른들과 함께 웃고 떠들며 나는 사람과 공동체가 주는 따뜻함을 배웠다.

초등학교 시절, 나는 호기심이 많은 아이였다. 라디오를

뜯어보고, 시계태엽을 풀었다가 다시 조립하는 것을 좋아했다. 대부분 망가뜨리기 일쑤였지만, 그 과정에서 나는 세상을 배우고 있었다.
"세상은 이렇게 움직이는구나." 단순하지만 중요한 깨달음이었다. 그런 나를 마을 사람들은 눈여겨보면서 될성싶은 나무는 떡잎부터 알아본다며 늘 말씀하셨다.
호기심 많고 손재주 있는 아이였던 나는, 어쩌면 그 말처럼 작은 시작에서 미래를 짐작하게 만드는 존재였는지도 모른다.
수업 시간에는 질문을 많이 했고, 친구들에게도 작은 지식을 나누는 것을 즐겼다. 선생님은 종종 내 호기심을 칭찬하셨지만, 때로는 너무 질문이 많아 '조용히 하라'고 하셨다. 그때의 작은 도전과 실패, 실험과 관찰이 지금의 나를 만들었다.

초등학교 시절을 보내고, 자연스럽게 중등 교육을 위해 남원 시내로 삶의 무대를 옮기게 되었다. 시골에서의 시간과 경험은 내 마음속 깊이 자리 잡아, 어떤 어려움 앞에서도 중심을 잃지 않는 힘이 되었다.
시내 생활은 새로운 경험이었다. 마을 친구들과의 이별, 넓은 학교, 다양한 사람들, 처음 느껴보는 경쟁과 학업 부담. 그러나 나는 어린 시절 흙길에서 느낀 자유와 부모님의 사랑, 마을 공동체의 온기를 기억하며 적응해 나갔다. 나는 그 시절을 돌아보며 늘 감사한다.
흙냄새, 연못, 소나무, 장미, 마을 사람들의 웃음, 부모님의 헌신, 친구들과의 놀이 그 모든 것이 지금의 나를 만들었다. 어린 시절의 자유와 행복, 순수한 배움의 경험은 이후 삶에서 나에게 강력한 힘과 지침이 되어주었다.
그 흙냄새 속 소년의 기억은 지금도 나를 이끌고 있다. 어떤 어려움이 와도, 그 길 위에서 뛰놀던 나를 떠올리면 마음이 단단해진다. 세상은 넓고, 사람은 많지만, 결국 마음의 근원은 어린 시절의 경험과 사랑에서 비롯된다는 것을 나는 알게 되었다.

중학교 때는 공부보다는 집안일을 더 많이 했다.
소를 돌보거나 장작을 패는 일도 내 몫이었지만 나는 그 모든 노동이 싫지 않았다. 그 속에서 배운 건 책임감이었다.
아버지는 늘 말씀하셨다.
'사람은 손으로만 일하는 게 아니다. 마음으로 일해야 한다.' 그 말은 내 인생의 좌우명이 되었고 나는 어떤 일이든 '마음'을 먼저 다잡았다.

가슴이 두근거리며 시작한 중학교 시절은 친구들과 어울리며 지낸 시간은 새로운 시각이었다. 많은 배움도 있었고, 또한 배우지 말아야 할 것도 깨달으면서 보낸 시간이라 참으로 그 시절이 소중했음을 느낀다.
배움 속에서 시간이 흘러 3학년에 접어들었고, 많이 성장했던 나에게 생생하게 남아 있는 추억이 있다.

3학년에 접어들어 고등학교를 가기 위해 부모님과 담임 선생님이 면담을 가졌다. 그날, 하늘이 노랗게 변한 듯 느껴질 정도로 내 마음은 혼란에 휩싸였다. 장남이자 장손은 대를 이어야 한다는 우리 아버지의 확고한 뜻 앞에서, 나는 어떻게 해야 할지 암담했다. 학비가 부담되니 농사나 짓다가 일찍 장가가서 자식 낳고 살라는 뜻이었다.
그때 담임 선생님이 하신 말씀이 생각난다.
'어디를 가든 소신대로 하면 좋은 결과를 얻을 수 있지 않겠느냐'는 그 말에 하염없이 눈물이 흘렀다. 이유는 명확했다. 나는 아버지의 삶을 바라보며, 그분이 자신을 위한 삶이 아니라 남을 위한 삶, 즉 두 작은아버지와 누이, 동생들만을 위해 살아오신 것을 알고 있었기 때문이다.

어머니 또한 육남매를 위해 자신의 삶을 온전히 내어주셨다. 슬프고 억울한 삶의 기억이 어린 나의 마음에 깊이 남았다. 아버지는 장남, 장손으로서 평생을 희생 속에 살아오셨고, 지금도 그분을 위해 생각하는 형제는 없었다. 그분들에게도 각자의 삶이 있기에 나는 이해할 수 있었다. 하지만 그날 느낀 혼란과 안타까움은 쉽게 사라지지 않았다.

내가 다니던 고등학교는 춘향전으로 유명한 광한루 오작교에서 그리 멀지 않은 곳에 있었다. 학교에서 바라보는 풍경 속에는 늘 그 옛날이야기가 살아 숨 쉬는 듯했다. 남원은 나무가 많고 질 좋은 나무를 쉽게 구할 수 있어 향나무, 느티나무, 참나무 등으로 제기, 목기, 함지박, 교잣상을 만드는 목공예가 발달한 고장으로도 유명하다.
고등학교에 진학 후 나는 마음 먹었다.
'그래 잘해보자' 그 결심은 단순한 다짐이 아니었다. 어린 시절부터 이어져 온 가난과 가족의 희생 속에서, 나는 처음으로 '내 삶을 스스로 책임지겠다'는 의지를 품고 있었다. 학교생활은 기대 이상으로 순조로웠다.

전교 1, 2등을 다툴 정도로 학업에 몰두하며 일학년을 마무리해 가던 어느 날, 학교가 끝나고 버스를 기다리던 중 아버지의 모습을 보게 되었다.
삶에 지쳐 있는 아버지의 모습이었다. 이날도 형제 문제로 무언가 해결하고 오신 모양이었다. 장남이자 장손으로 살아가는 아버지의 삶은 누구도 쉽게 이해할 수 없는 고단함의 연속이라는 것을 나는 그때 깨달았다. 아무도 알아주지 않을 것을 알면서도 묵묵히 살아가는 아버지의 모습을 보며, 마음속 깊은 곳에서 혼란과 충격이 밀려왔다. 이 일로 한동안 나는 아무 일도 진행할 수 없었다. 다시 생각하고 마음을 다잡아야 했다.
"생각을 해야 한다. 이대로 허덕이는 삶을 재건하여 반복할 수 없다."

결국 나는 학교를 자퇴하고 서울로 상경하기로 결심했다. 처음에는 단순히 벗어나고 싶다는 마음이었지만, 그 결심은 나의 인생을 바꾸는 첫걸음이었다. 학교 추천서를 받아 서울의 공업고등학교에 진학하며 마음을 정리하고, 새로운 시작을 준비했다.

고등학교에 진학하면서 나는 처음으로 도시로 나갔다. 서울에서의 첫 경험은 모든 것이 낯설고 신선했다. 시멘트 냄새와 버스 소리, 사람들의 분주한 움직임 모든 것이 새로운 세상을 보여주었다. 공업고등학교에서 나는 기계 설계와 환경 관리 과목에 큰 흥미를 느꼈다. 공구 냄새 속에서도 깨끗한 공기와 맑은 물을 꿈꾸며, 기술자로서의 희망을 마음속에 새겼다.

졸업 후 대학 진학을 목표로 밤마다 전등 불빛 아래서 공부했다. 전기세를 아끼기 위해 친구와 함께 하숙집 한 방에서 생활했고, 잠자리는 좁고 끼니는 부실했지만 내 안의 열정은 결코 식지 않았다.
그때 마음속으로 다짐했다.
"언젠가 세상을 깨끗하게 만드는 기술자가 되겠다."
그 다짐은 내 인생을 움직이는 불씨가 되었고, 고된 생활 속에서도 나를 버티게 하는 힘이 되었다.

혼자 학교를 다니며 생활을 꾸려가는 것은 쉽지 않았다. 학교 수업료부터 생활비까지 모든 것을 스스로 책임져야 했고, 그 과정에서 우유 배달, 신문 배달 등 해보지 않은 일이 없었다. 지금 돌이켜보면, 그 모든 경험이 내게 강인한 의지와 독립심을 길러주었다.
한때는 수업료를 채우지 못해 고민하던 중, 화장지 네 묶음을 들고 담임 선생님의 댁을 찾아가 사모님께 사정을 이야기하고 화장지를 팔아 학교를 다니기도 했다. 지금 생각해도 그 기억은 소중한 추억이자, 담임 선생님과 사모님께 감사한 마음으로 남아 있다.

드디어 고등학교 졸업식 날이 되었다. 나는 기계과 학생장이자 학도호국단장으로서 항상 전체를 지휘했으며, 이날도 변함없이 지휘를 맡았다. 그런데 수많은 사람

속에서 나를 바라보는 것이 보였다. 혹시 아버지일까? 설마...하는 생각이 스쳤지만, 눈앞에 계신 분은 아버지였다.

서로 부둥켜안고 울었던 그 순간, 설움과 원망은 한 번의 눈물로 정리되었다. 나와 아버지의 가장 행복하고 아름다운 순간이었다. 아버지가 손수 사 주신 짬뽕의 맛은 지금도 잊을 수 없다. 가끔 마음이 울쩍하거나 아버지가 생각날 때면, 그때의 기억과 함께 다시 한번 사 먹기도 한다.

고등학교 시절, 잊을 수 없는 또 한 가지 기억은 친구 미란이다. 서울 영광여상에 다니던 그녀는 배고플 때마다 밥을 사 주고, 힘내라고 응원해주었다. 어린 마음을 설레게 했던 순간들, 함께 걸었던 길, 주고받았던 작은 선물들은 내 첫사랑의 기억으로 내 마음 한구석에 자리 잡았다. 지금은 소식을 알 수 없지만, 어디서든 그녀가 잘살길 바란다. 어쩌면 그래서 사람들은 첫사랑은 이루어지지 않는다고 말하는지도 모르겠다.

시간이 흘러갔다.
청소년기를 지나 사회생활의 문턱에 선 나는 취업 전선에 뛰어들었다. 어린 시절의 순수함과 자유로움은 이제 경쟁과 성취를 향한 갈망으로 변했고, 매일의 도전 속에서 스스로를 시험해야 하는 시간이 시작되었다. 패배 속에서 배운 인내와 노력이 나를 조금씩 단단하게 만들었고, 한계를 뛰어넘기 위해 도전하는 과정에서 좌절과 성취를 동시에 경험하며 성장하는 법을 익혀갔다.
이와 함께 나는 새로운 관심사도 찾아가며 나의 길을 모색하기 시작했다.

직장에서는 실적과 능력이 곧 나를 평가하는 기준이었고, 나는 그 속에서 나만의 위치를 확보하기 위해 끊임없이 노력해야 했다. 경쟁 속에서 동료들의 고민과 열망 또한 나와 다르지 않음을 느꼈고, 그 이해와 공감은 때로 고단하지만 서로를 지탱해 주는 힘이 되었다.
동시에 배움의 끈은 또 다른 난관을 가져왔다. 기술적 능력이 충분하다 해도, 세상은 그것만으로 설명되지 않았다. 새로운 지식과 경험이 필요했고, 나는 그것을 얻기 위해 더 많은 시간을 투자해야 했다. 스스로를 시험하는 시간이었다. 이 과정에서 나는 새로운 관심사를 발견하고, 나만의 길을 모색하는 법을 배우기 시작했다.

대학 진학은 또 다른 도전이었다. 직장생활과 학업을 병행하며 하루하루를 채워가는 이중생활은 육체적, 정신적으로 매우 힘든 시간이었지만, 책 속의 이야기와 철학적 사고는 나의 시야를 넓혀 주었고, '나는 누구인가'라는 질문을 던지게 만들었다. 밤늦도록 친구들과 나눈 토론과 술자리 대화, 의견 충돌 속에서 배운 배려와 이해는 지금도 내 성장의 중요한 일부로 남아 있다.
도전들은 성장기의 나를 시험했지만, 그 많은 과정을 통해 새로운 세계에 눈을 뜨며 나는 점점 더 단단해졌다. 나는 내 안에 숨겨진 잠재력을 발견할 수 있었다. 경쟁 속에서 단련되고, 배우면서 내가 궁금해했던 세상의 다양한 측면들을 더 깊이 이해하게 되었다.
그 과정에서 나는 타인의 의견을 존중하고 받아들이는 법을 배웠고, 나와 다른 사람들의 삶의 이야기를 통해 세상을 더 넓게 바라볼 수 있게 되었다.

여러 경험을 통해 스스로에게 질문을 던지며 답을 찾아가는 과정에서, 나는 점차 나만의 길을 찾기 시작했다. 대학은 나에게 그 길을 모색하는 다양한 기회를 주었고, 나는 그 속에서 내가 원하는 방향을 탐구할 수 있었다. 중요한 부분이었다.
많은 시간을 흘려보내며 마음의 복잡한 부분으로 인한 어디로 향해야 할지에 대한 질문이 끊임없이 나를 따라다녔다. 처음에는 내가 선택한 전공이 내 적성과 맞는지 아니면 아닌지 여러모로 시간이 필요했다.

군 입대 역시 나의 성장 과정에서 반드시 거쳐야 할 길이라 생각했다. 삼 년이라는 시간은 길게 느껴졌지만, 배움 또한 많았다. 그 시절의 고된 생활과 반복되는 어려움 속에서 스스로를 다잡으며, 배움과 삶을 동시에 이어가는 것이 얼마나 힘든 일인지 몸소 체험할 수 있었다. 그 과정에서 도움을 준 사람들에 대한 감사함은 지금도 마음 한 켠에 깊이 자리한다.

나는 시골에서 상경하여 보잘것없는 인간으로, 단지 공부하고 생활하는 데 궁핍한 실정이 반복되는 생활이었다. 따뜻한 밥 한 끼가 그리워 눈물에 젖어 본 적이 있는가. 정말 배가 고파 울어본 적이 있는가. 삼일 정도 굶고 물로 배 채워 본 사람은 도둑질을 왜 하는지 그들을 이해하게 된다는 얘기다. 삼학년일 때의 가장 고마움이, 그리움으로 남는다.

그 시절 학생들의 뻔한 일상이다. 일과가 끝나면 당구장에 들려 한 바퀴 해보는 사람들은 그쪽 방향이고, 공부에 더 집중해야 하는 이들은 또 다른 방향으로 각자 흩어져서 자기 갈 길을 찾으러 이동하게 된다. 나 또한 그중 한 명으로, 갈 길이 잡아졌고, 그 시절 정확한 기억은 아니지만 대학을 준비하면서 노무사 시험에 애착을 가지고 준비하게 되었다. 일차 시험을 앞두고 '백일전쟁'을 준비하며 독서실에 입관하게 된다.

대학 진학과 노무사 공부에 집중하면서도 정말 참지 못했던 것은 배고픔이었다. 아니, 배고픔이었다. 참을 수 없이 물로 배를 채워보기도 하고 옆에 있는 친구들의 남은 밥을 혹시라도 주지 않을까 내심 기대해 보기도 했다. 그들도 그 많은 사정이 있어서인지 내심 인정이 그리 좋았던 것은 아니었다.

시험 날짜가 다가오는 과정에 어찌 알았는지 그 친구 형수님께서 도시락을 싸 들고 오지 않았던가. 감동이었다. 지금도 형수님의 도시락은 잊을 수 없어 가끔 편의점 도시락을 한 번씩 그때를 그리며 이용해 보기도 한다. 얼마나 고마운 일이었는가. 형수님, "이러지 말아요"라며 사양하였지만, 내심 많은 신세를 지었기에 어찌 은혜를 갚아야 할지 막막했다. 꼭 한 번은 어떻게든 만나고 싶었다.

지금도 그 분을 찾아보려고 여기저기 각방으로 노력도 해보고 있지만 쉽지가 않다. 학교 학부도 의뢰해 보고 여기저기 찾아보기도 했으나 찾을 수가 없었다. 꼭 한 번은 만나고 싶은 이름, 김재권 씨 부인이다.
그 시절 학교 때는 보수적인 면이 지금보다 훨씬 강했던 시절이라 생각이 난다. 아마도 집안이 육대손으로 손이 귀했던 집안이었고, 학창 시절에 장가를 들어 가정을 이루며 학교를 다니던 형님이었다. 그 시절 형님의 부인을 형수님이라 부르며 잘 따랐던 내 모습이 아련히 기억난다.

일차 시험 날이었다. 합격이다. 참으로 어찌할 바를 모르고 좋아했지만, 바로 이차 시험 일정이 잡혔다. 지금도 생각하면 아찔하다. 이차 시험 얼마 안 남기고 결국 병원으로 실려 가게 되어 다음 이차 시험으로 연기할 수밖에 없는 서러움에 가는 길을 잠시 방향을 돌릴 수밖에 없는 초유의 사태가 벌어지고 말았다.
몸이 망가지고 말았다. 이것도 나의 운명이 아닐 수 없었다. 마음을 안정시키고 방향을 '대학 진학'으로 다시 잡았다.

대학 시절은 진로에 대한 고민도 깊어지는 시기였다. 어떤 길을 가야 되나, 어떤 한 것을 선택할지, 내 마음 내 열정이 어디로 향해야 할지에 대한 많은 생각 그리고 질문이 끊임없이 나를 따라다녔다. 처음에는 내 적성과 맞는지 확신이 없었고, 때로는 다른 길로 가야 하나 고민하기도 했다.
하지만 어차피 가야 할 것이라면 여러 경험을 통해 나 자신의 스스로에게 질문을 던지며 답을 찾아가는 과정에서, 나는 점차 나만의 길을 찾기 시작했다. 대학은 나에게 그 길을 모색하는 다양한 기회를 주었고, 나는 그 속에서 내가 원하는 방향을 탐구할 수 있었다.

학교생활은 새로운 만남, 넓어지는 지식의 확장, 그리고 나 자신을 생각하고 발견하는 시간이었다. 학문적 열정과 더불어 새로운 이들과의 동아리 활동, 친구들과의 교류, 그리고 진로에 대한 고민을 통해 나는 점차 성숙해졌고, 앞으로 나아가야 할 길에 대해 더 명확한 그림을 그려나가게 되었다.

이 생각을 시로 남겨보았다.
[시간이 흘러 먼 훗날 알게 되겠지.
인생은 별거 아닌데 참으로 길고 긴 터널에 갇혀 허덕이고 있는가.
인생은 1인치 게임이란 것을 아는 이가 없다.
언제나 그게 문제인 것을.]
그날, 나는 오랜만에 혼자 조용히 앉아 알파치노의 연설 장면을 다시 보았다.
그의 목소리는 낮고 쉰 듯했지만, 그 안에는 인생 전체를 살아본 자의 무게가 담겨 있었다.
"인생은 1인치 게임이다. 모든 싸움은 단 한 치의 차이로 결정된다." 그 말이 가슴 깊이 파고들었다.

돌이켜보면 내 삶도 늘 그 한 치의 차이 속에서 흔들려 왔다. 조금 더 욕심을 부려야 하나, 아니면 이쯤에서 멈춰야 하나. 만족과 불안은 언제나 종이 한 장 차이였다.

술잔이 넘치는 것처럼, 삶 또한 넘쳐서는 안 된다.
넘쳐흐르는 것은 주워 담을 수 없다는 것을 나는 왜 그토록 늦게야 깨달았을까.
욕심이란 참으로 교묘하다.
하나를 가지면 두 개를 원하고, 두 개를 가지면 또 다른 세 개를 탐한다.
그 욕망의 눈이 점점 커질수록 진심으로 소중한 것은 오히려 보이지 않게 된다.
인생은 풍요로워지는 것이 아니라, 복잡해지고, 무거워지고, 결국은 자신을 잃어버린다.

넘치는 것은 내 것이 아니다. 잔이 넘치면 흘려보내야 한다. 욕심이 생기면 잠시 멈춰 서서 바라봐야 한다.
알파치노는 수많은 명예와 부를 얻었지만, 늘 외로움과 싸웠다고 한다. 그는 화려함보다 자신을 지키는 일에 더 많은 에너지를 쏟았다. 세상은 그를 명배우로 기억하지만, 정작 그는 "아직도 나 자신을 연기하고 있다"고 말했다. 그 말이 묘하게 내 마음에 닿았다.
넘쳐흐르지 않을 만큼만 채우고, 비워둘 자리를 남겨두

는 것이 지혜이다.
삶이 주는 행복도, 성공도, 사랑도 넘칠 만큼 가지려 하면 결국 자신을 잃게 된다. 그 절제의 미학을 깨닫기까지 참 많은 시간이 필요했다.

필자의 평생 습관 세 가지는 일기를 쓰고, 메모를 하고, 책을 통해 많은 생각과 반성을 하는 것이다.
시간이 흘러 먼 훗날,
누군가 내 인생을 돌아본다면 이렇게 말할 것이다.
"그는 자신만의 속도로, 넘치지 않게, 그러나 결코 비워두지 않게 살았다." 그 말 한마디면 충분하다.
오늘도 나는 마음의 잔을 들어 천천히 인생을 음미한다. 잔은 여전히 반쯤 비어 있지만, 그만큼 더 채울 여유가 있다는 뜻이다.
(2020년 2월 4일, 운명의 일기)

전라북도 남원시 산동면 대상리 마을 숲 전경

7. 새로운 시작

 대학을 졸업하고 사회로 나가면서 나의 인생은 새로운 단계로 접어들었다.
첫 직장에 들어갔을 때의 설렘과 두려움은 아직도 생생하다.
대학 시절과는 전혀 다른 세계가 펼쳐졌고, 각자가 가진 기술과 능력을 겨루는 피나는 경쟁이 시작되었다.
승승장구만 한 것은 아니었다. 동료들의 인정은 받았지만, 그것이 나를 거만하게 만들고, 예기치 않은 풍파로 시험에 들게 했다.

그때 일기를 보면 이렇게 적혀 있다. (1990년 12월 8일)
[왜 이 지경으로 세상 무서운지 모르고 날뛰었는가.
땅을 치고 통곡해도 돌이킬 수 없는 이 지경을 왜 왔는가. 바닥에 엎드린 나에게 주어진 깨달음은 명확했다.
인간 쓰레기가 되기 전에 스스로 일어나야 한다.

하늘에 기회를 달라고 외치지 말고,
거만함이 만들어 낸 상황을 인정하며 스스로 길을 찾아 집안을 세워야 한다.
그만 자책하고, 그만 힘들어하고, 그만 울고 일어나자.]
이 문구를 보니 참으로 지난날 들을 생각난다.
돌이켜보면, 거만함이 한 사람의 몰락으로 가는 길은 참으로 짧고도 피멍이 들게 한다.
그때는 그 거만함으로부터 배울 것이 없었다.

마침 기술 훈련소 선생님의 제의가 들어왔다.
지금 공장에 들어와 책임지고 사업을 맡아서 해보지 않겠느냐고 하여 나는 뒤도 돌아보지 않고 승낙해 버렸다.
경험도, 준비도 없는 상태였기에, 그 선택이 가져올 결과를 꿈에도 몰랐다.
눈앞의 '사장'이라는 직함에 눈이 멀어 이성을 잃고 세상에 공짜는 없다는 진리를 깨닫게 되었다.

아무리 친하고 피를 나눈 형제라도, 그리 쉽게 도움을 줄 수는 없다.
그날의 선택으로 내 인생에는 큰 아픔이 찾아왔다.
특히 스승과 제자 관계에서 받은 치명적인 상처는 나를 도저히 일어서기 힘들게 만들었다.

이것이 바로 "공짜는 없다"는 삶의 교훈이었다.
쉬운 길은 없고, 고된 길 끝에 열매가 달콤한 이유도 여기에 있다.
아픔은 인간을 고독하게 만들지만, 동생과 가족이 있어 포기할 수 없었다.
한 끼 밥조차 걱정해야 하는 생활 속에서 나는 책임감이라는 또 다른 배움을 얻었다.

아프다 못해 '아…' 이런 것으로 인간들은 세상을 등지고, 고독과 힘겨움 속에서 자살이라는 극단적인 생각마저 하게 되는구나.
한 끼 밥조차 생각할 수 없던 생활이었지만, 울고 세상을 원망할 시간조차 없었다. 왜냐하면 나는 사업을 한다고 동생과 함께 생활하게 되었기 때문이다. 그 시절, 동생은 이미 식구를 책임져야 했다.
어찌할 수가 없었다. 나도 문제였지만, 동생이 있었기에 또 다른 책임감으로 이대로 굶어 죽을 수 없다는 생각이 들었다. 그때 비로소 나는 또 다른 삶의 경험을 알게 되었다.

그 경험은 새벽 가락시장에서 시작되었다.
일당으로 새벽에 올라오는 농수산물, 일명 '까데기'라는 짐을 내리는 일을 하며, 장사란 무엇인지 조금씩 알게 되었다. 배추 한 포기가 도매에서 소매로 이어지는 과정을 눈으로 확인하며, 돈과 노동의 의미를 체감했다. 새벽 냄새는 아직도 기억난다. 습한 공기, 흙냄새, 갓 배달된 채소들의 신선한 향, 트럭과 상인들의 소음이 뒤섞인 그 현장은 차갑지만 생기가 넘쳤다. 손이 얼도록 찬 물에 배추를 씻고 트럭에서 내릴 때면, 몸은 피곤했지만 마음은 오히려 맑았다. 매 순간이 배움이었다.

처음엔 단순히 몸을 움직이는 일이었다. 그러나 배추를 한 포기씩, 양파를 한 망씩 나르면서, 노동의 땀과 돈의 가치를 점점 이해하게 되었다. 왜 어떤 사람들은 부자가 되고, 또 어떤 사람들은 하루하루 버티기조차 힘든지 조금씩 알게 되었다.

가끔 길거리를 지나가다가 배추를 실은 트럭을 보면, 마음이 뭉클해지기도 한다. 나는 이미 사업에 실패했지만, 남은 트럭 한 대와, 일당으로 받은 돈 십만 원, 그것이 나의 전 재산이었다. 그 한 푼 한 푼이 생존의 증거였고, 동시에 내 미래를 만들어 줄 씨앗이었다.

새벽에는 하차 일을 하고, 낮에는 장사를 해보자는 결심을 동생과 함께 했다. 굶어 죽고 싶어서가 아니라, 동생과 그 가족을 책임져야 한다는 마음이 그 무엇보다 컸다.
동생과 나는 말없이 서로의 눈을 바라보며 결심했다. 아무리 힘들어도 서로를 지켜야 한다. 나의 실패와 무능 때문에 동생이 힘들게 살아가는 일은 더 이상 없어야 한다.

당시 나는 회사 폭망과 술주정뱅이 생활로 면허까지 취소된 상태였다. 운전은 동생에게 맡기고, 나는 실제 장사에 나섰다.
"배추 사세요! 배추 사세요!"
외쳐야 하는 그 순간, 동생은 도저히 따라올 수 없다고 했다. 나는 그때 비로소, 장사란 단순히 물건을 파는 것이 아니라, 사람의 마음을 얻는 일임을 깨달았다. 이제 생각하면 웃음이 나오는 이야기지만, 당시에는 정말 사연 많고 힘겨운 시절이었다.

결국 동생은 백산정밀이라는 곳에 취직했다.
나도 운이 좋게도 대통령 당선과 함께 면허가 풀렸다. 그래서 장사를 해야겠다고 마음먹었다. 도매에서 소매로 이어지는 흐름, 경험으로만 알 수 있는 깨달음이 내 마음을 움직였다. 어쩌면, 그 길은 나의 운명이었는지도 모른다.
나는 확신으로 그 길을 선택하면서 기록을 남기게 된

다.

[갈 길이 정해졌다.
두려워 말라.
경험은 돈 주고도 못 배운다고 하지 않았던가.
잘했다. 지금까지 버티고 잘했다.
오늘은 라면에 소주 한 잔이 이렇게 좋구나.
그래 시작하자.
나는 해야만 하는 일들이 많다.
장손에 장남 집안에 가장으로 어디다 기댈 곳이 없다.
비빌 언덕이 없다.
괜스레 기대할 곳도 없는데 무엇을 생각하는가.
지금 생각하는 대로 가자. 힘을 내자. 이제 더 내려갈 곳도 없지 않는가. 힘을 내자. 힘을 내어 앞으로 가 보자.] (1992년 6월 12일 일기)

일기장을 들여다보니 새로운 회사 영진유통이란 곳에 면접 보기로 한 날이 또렷이 기억났다.
결과는 좋았다. 합격이었다. 본부장은 나에게 말했다.
"관리부에 내일부터 출근할 수 있겠느냐?"
나는 잠시 망설였지만 곧 솔직하게 말했다.
"아닙니다. 저는 영업부를 하고 싶습니다."
본부장은 잠시 눈을 가늘게 뜨며 나를 바라보았다.

"영업은 아무나 하는 것이 아니다. 상술이 뛰어나고, 보편적으로 외부로 나가서 판매를 할 수 있는 사람만이 맡을 수 있는 업무다."
나는 단호하게 말했다.
"네 그것을 하겠습니다."
본부장은 잠시 생각하더니, 판매에 따른 수당과 급여에 대해 설명했다.
관리부는 월급제였지만, 나는 기본 급여에 판매 수당으로 정책을 바꾸어 출근을 시작했다.

그리하여 나는 일선 부서장과 함께 영업 현장을 배우기 시작했다.
출근한 지 단 3일 만에 나는 독단적으로 영업을 해보겠다고 결심했다.
아파트 자판을 시작해 보기로 마음먹었다.
한 번의 실패로 바닥까지 가본 나로서는 선택의 의미가 따로 없었다.
공돈은 없고, 노력만큼 얻어지는 진리를 이미 배운 나는 어느 순간 자신의 판매 영업 소질을 발휘하고 있었다.

나는 상대 손님에게 어떻게 하면 부담 없이 다가가고, 고객과 밀접하고 기억에 남는 판매 기회를 만들 수 있을지 배우기 시작했다.
이제는 내가 직접 일을 하고, 책임을 져야 하는 현실과 마주하게 되었다.
영업 판매하는 직장 생활은 단순히 경제적 독립을 넘어, 나의 성장을 시험하는 새로운 장이기도 했다.

처음 맡은 영업 업무는 생각보다 훨씬 더 복잡하고 어려웠다.
첫 사업을 했던 시절, 초라하게 무너져 버린 나날들이 머릿속을 스쳐 갔다.
학교에서 배운 이론과는 달리, 실제 현장은 예측할 수 없는 변수들로 가득했다.
가정 방문이란 것은 참으로 어렵고 험난했지만, 지금에 와서 되돌아보면 참으로 많은 인생 공부 중 최고의 수업이 아니었는가 싶다.

판매가 되지 않을 때, 실수할 때마다 스스로에 대한 자책과 압박감이 컸지만, 그 과정에서 배운 것들이 훨씬 많았다.
처음 몇 개월 동안은 내가 잘하고 있는지 의문이 들 때가 많았고, 때로는 내 선택에 대한 후회가 스쳐 지나가기도 했다.
하지만 이러한 어려움은 나에게 중요한 교훈을 안겨주

었다.
실수와 실패는 피할 수 없는 과정이며, 그것이 나를 더 나은 직업인으로 성장시키는 발판이라는 것을 점차 깨닫게 되었다.
고객들과의 관계, 동료들과의 협력도 직장생활의 중요한 부분이었다.

나는 처음 경험하는 위계질서와 조직 문화가 낯설었지만, 점차 그것이 직장 내에서 중요한 역할을 한다는 것을 알게 되었다.
고객과의 양심 있는 약속, 영업 실적의 보고, 모든 관계, 그리고 판매에 대한 상사와의 보고와 피드백을 통해 나는 점차 기대에 부응하는 방법을 배워갔다.
그때의 시절 배움은 상사와의 의견 차이로 어려움을 겪기도 했고, 그 과정에서 조직 내 소통과 타협의 중요성을 깨닫게 되었다.
동료들과의 관계도 마찬가지였다.

초보 시절, 팔아야 한다는 일념 하나로 영업을 하러 나가던 그때 그 시절이 생각난다.
"띵동 띵동 띵동" 초인종을 누르면 고객이 완전히 문을 열지 않고, 중간 정도 개폐한 뒤 누군지 확인하고 문을 열어주는 그 시절이었다.

그 문을 열고 들어가야 하는 우리의 운명은 참으로 험난한 일이었다.
그 문을 열지 못하면 그날의 실적은 이루어지지 않는다는, 절체절명의 순간이었다.
들어가느냐 못 들어가느냐, 하루 영업 실적의 운명이 그 한순간에 달려있었다.

그래서 우리들의 영업 전쟁은 또 다른 심리적 교육이 되기도 했다.
문이 열리면, 그 문을 닫지 못하게 문틈 사이에 손을 넣으라는 상사들의 조언을 통해 참으로 많은 것을 배웠다.
현장을 하나하나 배우며 삶을 체험할 수 있었던 시절이었다.
어느 때는 문틈 사이에 손을 끼워 넣었는데, 고객이 손을 못 보고 문을 닫아 손가락이 찢어져 피가 질질 흐르는 고통을 겪기도 했다.

그런 날에는 영업 실적이 대박이었다.
손에 피가 묻은 채 끝까지 버티고 서 있으면, 마지못해 고객이 문을 열어주고, 주위 사람을 모아주면 그 처절함 속에서 물건도 사 주고, 오랫동안 서로의 인연과 감사한 고객 관계가 시작되기도 했다.

지금도 손가락 상처를 볼 때면 자연스럽게 웃음이 지어진다.

문제를 해결하는 과정에서 성과를 거두는 기쁨을 느꼈다.
업무에 대한 책임감 또한 나를 성장시키는 중요한 요소였다.
내가 맡은 일에 대해 책임을 다하는 것이 얼마나 중요한지를 깨닫게 되었고, 이를 통해 나는 점차 신뢰받는 직장인이 되어갔다.

작은 일이라도 내가 하고 있는 역할이 내 인생 전체에 미칠 수 있다는 것을 느낄 때마다 책임의 무게를 실감했지만, 그만큼 성취감도 컸다.
승진과 이직의 기회 또한 직장생활 속에서 중요한 변곡점이었다.
처음으로 승진의 기회가 찾아왔을 때, 나는 나 자신에게 큰 자부심을 느꼈다.
그것은 내가 맡은 역할을 성공적으로 해냈다는 증거이기도 했다.

하지만 나는 승진보다 또 다른 목표를 설정했다.
한 번의 패배를 경험했던 나는 영업이 무엇인지, 심리

적 싸움과 외로운 투쟁, 혼자만의 고독한 인내의 싸움임을 알았다.
승리의 쾌감이 바로 영업의 기반이라는 것을 깨닫게 되었다.
참으로 내 인생의 최고의 공부가 아니었는가 싶다.

그와 동시에 더 많은 책임과 기대가 따라왔고, 그에 부응하기 위해 더 많은 노력이 필요했다.
이직의 기회를 고려할 때, 새로운 도전을 받아들여야 할지, 안정적인 길을 선택해야 할지 깊이 고민했다.
결국, 새로운 환경에서 더 많은 것을 배울 수 있다는 생각에 용기를 내어 이직을 결심했고, 그 선택이 나에게 새로운 성장의 기회를 제공했다.

영업 판매의 생활은 나에게 현실의 무게와 인간관계의 복잡함을 가르쳐준 시기였다.
업무에서의 성취와 실수, 상사와 동료와의 관계, 그리고 승진과 이직을 통해 나는 끊임없이 성장하고 변화했다.
직장 생활은 나를 성숙하게 만들었고, 책임감과 인간관계의 중요성을 깊이 깨닫게 해주었다.

이 시기는 단순히 직업인이 되는 과정이 아니었다.
현실 세계 속에서 인간관계를 배우고, 상사와 동료와의

협력과 경쟁을 경험하며, 인내와 배려, 그리고 자기 절제를 익히는 시간이기도 했다.
직장이라는 사회 속에서 내 역할과 책임을 다하며 살아간다는 것은, 단순히 돈을 버는 일을 넘어 나 자신을 시험하고 성장시키는 과정이었다.

인생은 참으로 새옹지마가 아니겠는가.
예기치 못한 일이 닥치고, 좌절과 실패가 반복되며, 그것이 나를 더욱 단단하게 만드는 법이다.
인간은 정해진 공부만으로는 충분히 배우지 못한다.
우리가 알지 못하는 사회 속의 살아 있는 경험과 실전 공부는 돈을 주고도 살 수 없는 법이다.
세상은 단순히 좋은 지반 위에서 좋은 대학을 나와 성장하는 것만이 올바른 교육이라고 말할 수 없다.
오히려 나는, 실패와 좌절, 피와 땀 속에서 배우는 경험이 진정한 교육임을 알았다.
그 모든 과정이 지금의 나를 만들었고, 내 삶에 단단한 기둥을 세워주었다.

이제 나는, 지금까지의 소년과 청년 시절을 돌아보며, 나 자신의 소신과 삶의 철학을 글로 남겨보고자 한다.
첫 번째
내가 살아온 길이 눈물보다 아름다운 이유는 용기와 희

망 때문이다.
무슨 일이든 처음으로 돌아가 다시 시도할 수 있다는 희망을 가지고 살고 싶다.
내가 어떤 실패를 경험하더라도, 다시 일어설 수 있는 용기를 가지고, 미래를 향해 나아가고 싶다.

두 번째
자신이 흘린 눈물만큼 인생의 깊이를 알 수 있도록, 나는 밑바닥까지 내려갔다가 주저앉지 않는 사람이 되고 싶다.
더는 내려갈 수 없는 나락에 떨어지더라도, 한 단계 한 단계 오를 수 있다는 사실이 좋고,
그 과정 속에서 작은 성취와 보람을 얻는 것이 더 좋다.
인생의 밑바닥을 경험했기에, 높은 곳에 올라섰을 때 그 기쁨과 감사함을 더욱 크게 느낄 수 있다.

세 번째
오늘이 있어 웃을 수 있는 여유가 생겼다.
너무 조급하게 달리는 마라톤 선수처럼 살기보다,
한 걸음 물러설 줄 아는 넉넉한 마음을 간직하며 살아가고 싶다.
속도보다 마음의 여유를, 경쟁보다 내면의 평화를 중시

하는 나이고 싶다.
삶의 여정 속에서 잠시 멈춰 숨을 고르고,
주변을 돌아보며 감사할 줄 아는 마음을 가진 사람이
되고 싶다.

네 번째
시작을 했으면 반드시 마무리까지 최선을 다하는 삶을
살고 싶다.
무슨 일이든 할 수 있다는 자신감을 가지고 생활하며,
끊임없이 노력하고, 작은 성과에도 스스로를 격려할 줄
아는 나를 만들어 가고 싶다.
한번 시작한 일은 끝까지 책임지고, 실수와 실패 속에
서도 배우며 성장하는 나로 살고 싶다.

다섯 번째
오늘을 어떻게 보낼까 고민하기보다,
할 일을 미리 찾아 알찬 시간으로 채우는 나가 되고 싶
다.
오늘 해야 할 일을 내일로 미루지 않고, 가능하면 바로
실천하며, 시간의 소중함과 하루하루의 의미를 느끼고
살고 싶다.
하루하루가 모여 인생을 이루고, 작은 선택 하나하나가
미래를 결정한다는 사실을 늘 마음에 새기고 싶다.

여섯 번째
모자람이 있어도, 내일이 있기에 조급함을 버릴 수 있다.
조금 실수를 하더라도 천천히 생각하고 느긋하게 대처하는 마음으로 살고 싶은 나.
급하게 서두르지 않고, 삶의 흐름 속에서 여유를 가지고 선택하는 나이고 싶다.
완벽함보다 성실함과 꾸준함을 중시하며, 하루하루를 의미 있게 보내고 싶다.

일곱 번째
이렇게 하루를 열망하며, 매일 가슴속에 새기고 싶다.
좋은 일이든 나쁜 일이든, 그것은 그저 내가 가는 길의 한 굽이, 한 고비일 뿐임을 기억하며,
담담하게 받아들이고, 좌절하지 않으며, 긍정의 마음으로 다시 시작하는 나가 되고 싶다.

여덟 번째
사람의 인생길에는 굽이굽이 고비가 없을 수 없다는 사실을 알기에,
나는 오늘도 긍정의 힘을 얻어 한 걸음, 한 걸음 다시 시작하겠다고 다짐한다.
어떤 어려움이 있더라도 삶을 포기하지 않고, 늘 새로

운 기회와 가능성을 향해 나아가는 사람이고 싶다.
실패와 좌절은 성장의 밑거름이며, 포기하지 않는 마음이 결국 인생을 빛나게 한다는 것을 나는 믿는다.

아홉 번째
사는 기준이 모두 같을 수는 없으며
행복의 조건과 기준도 하나일 수는 없다.
몸이 추운 것은 옷으로 감쌀 수 있지만, 마음이 추운 것은 어떻게 해결할 수 있을까?
남을 사랑하는 아름다운 마음은 얼굴을 밝게 만들고,
남을 원망하는 나쁜 마음은 고운 얼굴마저 추악하게 만든다.
생긴 모양세가 다르면 성격도 다른 법이고, 가진 것이 작더라도 행복을 아는 사람이면 좋겠다.

비록 부유하지는 않더라도, 남과 비교하지 않는 사람이라면 좋겠다.
그것이 행복의 조건이다.
남과 비교할 때 진정한 행복은 멀어지고 만다.
어려움을 아는 사람은 행복의 조건을 알지만, 모든 것을 갖춘 사람은 만족을 모를 터이니, 마음이 추운 그대일지도 모른다.
이렇게 나는 내 삶을 정리하며, 수많은 일이 주마등처

럼 스쳐 지나가지만, 그 모든 경험이 나의 삶의 기둥이
되어 주었음을 느낀다.
그 시절을 어찌 다 말로 다 표현할 수 있을까.
눈물의 세월이었지만, 이렇게 글을 쓰고 나 자신을 돌
아볼 수 있음에, 나는 행복함과 감사함을 느낀다.
그리고 그 경험과 깨달음을 통해, 앞으로의 삶 또한 희
망과 용기로 채워 나갈 수 있을 것임을 확신한다.

고향 마을 입구 '열녀 최씨 정려각'

정려각이란 충신, 효부, 열녀 등을 기리기 위해 마을 어귀에 세
워놓은 것을 말한다. 마을 입구에 있는 '열녀 최씨 정려각'은
아들인 고창주가 임금님 행차 길에 징을 울려 어머니가 효를 다
한 열녀이었음을 알리기 위해 건립했다.

8. 사랑과 헌신의 발견

 중년이 되고, 나이가 들어 결혼이란 것은 나에게 또 다른 장벽이 아닐 수 없었다.
이미 집안의 책임을 짊어지고 가야 하는 내 운명 역시 생각할 여유도 없었는데, 우리 시절 때는 나이 삼십이 넘으면 '노총각'이란 딱지가 붙게 된다.
장손으로, 장남으로, 집안에 가진 것도 없고, 밑으로 육남매를 어찌 해야 하는지는 불 보듯 뻔한 내용이다.

그 책임의 무게는 생각보다 더 깊고, 일상의 숨을 막았다. 부모님과 형제들의 기대와 세상 사람들의 시선 속에서 하루를 살아간다는 것은 결코 쉽지 않았다. 매 순간이 선택과 판단의 연속이었다. 단순히 밥을 먹고 잠을 자는 것조차 자유롭지 않았다. 그러나 그 속에서도 나는 나름대로 삶을 지켜내고, 조금씩 미래를 그려보려 애썼다.

그래도 운이 좋아서였는지, 나의 동반자는 능력 있고 생활력이 강한 그대를 만나 결혼이란 장막을 열게 되었다.
그녀와 처음 마주한 순간의 기억은 아직도 생생하다. 강단 있는 눈빛과 단정한 말투, 그리고 겉으로 드러나지 않지만 내면 깊은 곳에서 묵묵히 세상을 견디고 있는 모습이 내 마음을 사로잡았다. 그녀를 만난 그 날 이후, 나의 삶이 이전과는 결코 같을 수 없다는 것을 배우자를 잘 만난다는 것이 큰 복이며 인생 전체를 중요한 선택임을 나는 알았다.

결혼과 함께 나의 삶은 또 한 번 새로운 장을 맞이했다. 배우자와 함께 새로운 가정을 꾸리고, 그 안에서 소소한 일상을 나누는 시간은 그 어느 때보다 소중했다. 처음 결혼했을 때, 서로 다른 환경에서 자란 두 사람이 함께 살아가며 맞춰가는 과정은 예상했던 것보다 더 깊은 인내와 이해를 필요로 했다.
작은 습관 하나, 말 한마디, 생활 속 사소한 결정조차 조율해야 했다.
그러나 서로를 이해하고 배려하며 하나의 가정을 이뤄가는 과정은 내 삶에 또 다른 의미를 부여해 주었다.

밤늦게까지 일을 마치고 돌아오면, 이미 저녁을 준비하

고 있던 그녀의 손길에서 나는 사랑과 헌신을 느꼈다. 하루의 피곤과 스트레스가 눈 녹듯 사라졌다. 그 순간 결혼은 단순히 한 지붕 아래 사는 것이 아니라, 서로의 삶을 나누고 서로의 무게를 함께 지는 일이라는 것을 나는 깨달았다.

한 번밖에 없는 삶이므로 '일생'이라 하는데 그 한 번뿐인 삶에 평생 함께할 수 있는 사람을 만나는 것은 기적과도 같은 축복이 아닐 수 없다.

삶의 수많은 우연과 선택 속에서, 나는 운명적으로 그 사람을 만났고, 아내와 함께하는 매일이 곧 축복임을 깨닫는다.

물론 새로운 동반자를 만나면 항상 즐겁다고 할 수는 없다.

삶이란 결코 늘 평탄하지만은 않으며, 서로의 기대와 현실이 충돌할 때는 불편함과 갈등이 찾아오기 마련이다.

그러나 나는 그 기준이 단순히 눈에 보이는 행동이 아니라, 마음속에서 얼마나 진실하게 상대를 이해하고 받아들이는가에 달려 있다고 본다. 마음의 깊이와 진정성이야말로, 행동으로는 결코 완전히 드러나지 않지만, 관계를 지탱하는 가장 중요한 힘이다.

어떤 마음인지, 그리고 어떤 행복은 그대만의 마음속의 꿈이 아닐 수 없다.
겉으로는 평범해 보이는 하루 속에서도, 서로를 배려하고 작은 기쁨을 나누는 순간들이 쌓여 진정한 행복이 된다. 서로의 다름을 이해하고, 예상치 못한 모습마저 품어줄 때, 비로소 함께 있는 삶이 의미를 갖는다.

서로의 차이를 인정하고, 다름 속에서도 사랑을 발견하는 일.
가끔은 말로 표현할 수 없는 작은 서운함이 마음에 맺히기도 하지만, 그럴 때마다 상대의 진심과 헌신을 떠올리며 마음을 다시 열게 된다.
그것이 진정한 부부의 삶이 아닐까 생각한다.
하루하루 쌓이는 일상의 소소한 순간과, 서로를 향한 조용한 배려 속에서, 우리는 서로를 이해하고, 사랑의 깊이를 조금씩 넓혀 간다.

그 한사람이 있기에 또 다른 가족으로 오늘이 행복하고 내일을 꿈꿀 수 있다.
생각해 본다.
내가 무엇이길래,
오직 나 하나만 바라보며
자신의 모든 것을 내려놓고

나를 위하고 가족을 위하고.
성은 달라도 결국은 피 한 방울도 섞이지 않은 당신인데, 한 집안에 들어와 모든 것을 책임져야 하며, 잘못하면 못한다. 그 져 잘해야 본전인 그대는 오늘도 나를 미안하게 만들고 있다.

여기까지 어떻게 왔는가. 30여 년 뒷바라지기가 결코 쉽지 않을 터인데 그 모든 시간과 노력 속에서 나는 아내에게 감사하고 고맙다.
어느 햇살 좋은 날, 드문드문 돋기 시작한 하얀 머리카락을 바라보며 살며시 말하고 싶을 것 같다.
"그래도 당신밖에 없노라고…"

세상에 이혼을 생각해 보지 않은 부부가 어디 있으랴.
일상의 반복되는 습관 속에서 사랑을 말하면서, 근사해 보이는 다른 부부들을 보며 때로는 후회하고,
틀에 맞춰지지 않는 상대방을 못마땅해하고 자신을 괴로워하며, 비싼 옷 입고 주렁주렁 보석 달고 나타나는 친구, 비싼 차와 풍경 좋은 별장을 갖고 명함 내미는 친구를 부러워하기만 한다.

까마득한 날이 흘러가도, 융자 받은 돈 갚기에 바빠 내 집 마련은 멀기만 하고, 한숨 푹푹 쉬며 "애고 내 팔자

야"라며 땅을 치고 통곡해도, 어느 날 몸살감기라도 호되게 앓다 보면, 빗길에 달려가 약을 사 오는 사람은 당신이거늘, 어찌 잊을 수 있겠는가.

부족한 나에게 따뜻한 사랑과 헌신으로 함께해 준 당신에게 감사함을 전하고, 가족이란 인연을 만들어 감에 헌신하는 당신이 감사하며, 더 큰 사랑을 만들 수 있는 시간들이 되었으면 하는 바람으로 오늘도 당신의 어깨에 기대어 본다.

결혼 후 아이들이 태어나면서 내 인생은 다시금 큰 변화를 겪었다. 아이들이 태어나던 순간의 기쁨과 감동은 말로 표현하기 어려웠다. 그들이 처음으로 울음을 터뜨리고, 작고 따뜻한 손을 잡았을 때 느꼈던 그 감정은 세상의 그 어떤 성취보다도 더 큰 행복을 안겨주었다. 그 작은 존재가 내 삶 속으로 들어오는 순간, 내 마음은 경이로움과 사랑으로 가득 찼다. 처음으로 아이가 내 손을 꼭 잡았던 그 느낌, 부드러운 피부와 따뜻한 체온은 평생 잊히지 않을 감각으로 남아, 매 순간 나를 살아있게 하는 힘이 되었다.

생각해 보라. 나에게도 새로운 핏줄, 피붙이가 생겨나는 것인데 어찌 영광스럽지 않겠는가. 기쁘지 아니하겠는

가. 새로운 생명이 내 삶 속에 들어왔다는 사실은, 말로 다 표현할 수 없을 만큼 벅찬 감정이었다. 부모가 된다는 것은 단순히 한 생명을 길러내는 일이 아니라, 그들이 올바르게 자라도록 인도하고, 세상에 적응할 수 있도록 지도하는 막중한 책임을 동반한다.

아이와 함께 보내는 평범한 하루하루 속에서도 나는 그들이 배우고 성장하는 모습을 보며 감동과 깨달음을 얻었다. 작은 발걸음 하나, 처음으로 내 이름을 부르는 소리, 세상에 대한 호기심을 드러내는 눈빛 하나에도 나는 놀라움과 행복을 느꼈다.

부모로서의 책임은 때로 무겁게 다가왔다. 아이들이 올바르게 자라기를 바라는 마음, 그들의 마음과 몸을 지켜야 한다는 책임감은 내 어깨를 한층 더 무겁게 만들었다. 그러나 그들은 내 핏줄이었고, 그들에 대한 사랑은 무한했다. 나는 어떤 어려움 속에서도 최선을 다해 길을 잡아주고, 올바른 방향으로 이끌어야 한다는 다짐을 내려놓지 않았다.
부모의 역할은 단순히 먹이고 입히는 일이 아니라, 삶의 방향을 알려주고, 사랑과 규율, 용기와 인내를 가르치는 과정이었다. 그 과정에서 나는 부모로서의 성장과 동시에 인간으로서의 성숙을 느낄 수 있었다.

아이들이 자라면서 그들의 성장 과정을 지켜보는 일은 내 삶에서 가장 큰 기쁨 중 하나였다.

첫걸음을 내딛는 순간, 처음으로 '아빠'라고 부르는 순간, 학교에 들어가 친구들과 어울리며 자신만의 세계를 만들어 가는 모습을 보는 순간마다, 나는 부모로서의 보람을 깊이 느꼈다. 그들의 웃음, 울음, 작은 성취와 좌절은 내 마음을 흔들었고, 때로는 나 자신을 돌아보게 만들었다.

아이들이 넘어지고 다시 일어서는 과정을 지켜보며, 나는 인내와 용기의 의미를 다시 한번 깨닫게 되었고, 아이들의 성장과 나 자신의 성장은 서로 맞닿아 있음을 알게 되었다. 아이들이 성장할수록 부모로서의 역할은 점점 더 중요해졌고, 가족과의 관계 속에서 나는 새로운 삶의 가치를 찾으며 앞으로 나아갈 수 있었다.

관계 또한 시간이 흐르면서 변화를 겪었다. 내가 부모가 되면서 비로소 부모님의 마음을 더 깊이 이해하게 되었다. 어린 시절에는 단순히 나를 돌봐주고 사랑해 주는 존재로만 여겼던 부모님이, 이제는 그들의 삶 속에서 얼마나 많은 희생과 사랑을 감내했는지를 깨닫게 되었다. 그들이 나를 위해 흘린 땀과 눈물, 기쁨과 고생의 시간들을 떠올리며, 나 또한 그들에게 보답하고 싶다는 마음이 커졌다.

그래서 부모님과의 관계는 이전보다 훨씬 깊어졌고, 그들과 함께 보내는 시간은 내 삶에서 더없이 소중한 순간이 되었다. 그들의 경험과 조언, 따뜻한 눈길과 손길은 나를 더욱 성숙하게 만들었고, 부모로서 또 한 인간으로서 성장할 수 있는 밑거름이 되었다.

매일 반복되는 일상 속에서도 우리는 서로에게 힘이 되었고, 작은 일에도 기쁨을 나누며 함께 성장해 갔다.
좋은 날만 있겠는가. 힘든 날이 있거나 기쁜 날이 있을 때, 우리는 서로의 손을 잡고 위로하며, 기쁨은 함께 나누었다. 힘든 날에는 서로를 이해하고 지켜주며, 기쁜 날에는 함께 웃고 축하하며 그 순간을 마음속 깊이 새겼다.
아내는 내 삶의 동반자로서 언제나 내 곁에서 든든한 지원자가 되어주었고, 우리는 함께 인생의 기쁨과 어려움을 나누며 단단한 가족으로서 성장해 갔다.
이렇게 살아갈 수 있다는 것은, 결혼이 처음 생각했던 것처럼 단순히 행복만으로 이루어지는 것은 아님을 깨닫게 해주었다. 때로는 누군가 참아야 하는 순간이 있었고, 그 고비를 넘어가지 못하면 서로를 제대로 만나지 못할 수도 있었다. 갈등과 어려움 속에서 나는 가슴이 아팠지만, 그 시간을 함께 견뎌낸 경험은 우리 가족을 더욱 단단하게 만들었다.

가족과 함께하는 시간은 내 삶에서 가장 중요한 부분이었다. 그들과 함께하는 순간순간은 내게 무엇과도 바꿀 수 없는 소중한 시간이었다. 그 시간을 통해 나는 더 한 발 나아가는 성숙한 사람이 되었고, 가족은 내 삶의 중심으로 자리 잡았다. 아이들과 배우자, 부모님과 함께한 모든 순간이 나를 더욱 따뜻하고 강한 사람으로 만들어 주었으며, 그 안에서 삶의 의미와 사랑의 깊이를 새삼 깨닫게 되었다.

시간이 흘러 인생은 끊임없는 변화와 선택의 연속이다. 그중 몇몇 순간은 특별히 나의 삶의 방향을 결정짓는 중요한 전환점으로 남는다. 이 장에서는 그러한 중요한 전환점들이 내 인생에 어떤 영향을 미쳤는지, 그 순간들이 어떻게 나를 지금의 나로 이끌었는지 돌아보려 한다.

첫 번째 전환점은 젊은 시절 다 하지 못했던 학교생활을 마무리했던 순간이다. 그 시절 나의 학교생활은 한 많은 생활이었다.

장남이라는 굴레 속에서 살아온 내 삶은 언제나 책임과 의무가 우선이었고, 마음껏 배우고 싶은 열망은 자주 묻혀 있었다. 마음껏 공부하고 경험해 보고 싶다는 갈망이 한두 번이 아니었다.
그럼에도 불구하고 평생에 한으로 남을 것 같았던 학교생활을 마무리할 수 있었던 것은 내 인생에서 가장 큰 성공 중 하나였다. 가정을 책임져야 하는 상황 속에서도 학교를 다니며 여러 도전과 어려움을 겪었지만, 나는 그 속에서 끊임없이 배우고 성장했다.

내가 맡은 모든 일에서 성과를 거두었을 때, 비로소 나는 진정한 성취감을 느낄 수 있었다. 그 순간은 나에게 '나도 할 수 있다'는 자신감을 심어주었고, 이후 더 큰 도전과 책임을 맡을 수 있는 계기가 되었다.

고씨 문중에서 걸어준 플랭카드

9. 박사 준비와 새로운 기회

 물론 힘든 상황이었지만, 나는 마치 하늘이 도와주는 듯한 기회를 얻는 느낌을 받았다. 그때를 떠올리면, 좌절과 불안 속에서도 묘한 설렘과 기대감이 공존했다. 이미 철저히 준비된 논문 계획 덕분에 학교에 가지 않고도 박사 과정을 준비할 수 있는 길이 열렸다는 사실은 내게 큰 안도감과 자신감을 주었다. 그것은 단순한 행운이 아니라, 오랜 시간 쌓아온 준비와 노력의 결실이었다. 밤늦게까지 책과 자료를 뒤지고, 논문 주제를 다듬고, 실험 설계와 연구 계획을 세우던 시간들이 헛되지 않았음을 깨달았다.

물론 그 길은 결코 쉬운 길이 아니었다. 주변 사람들은 의아한 눈빛을 보내곤 했다. "그 나이에 박사 과정이라니, 누가 인정하겠는가?"라는 냉소적 시선도 있었고, 심지어 "사이비 박사 아니냐?"라며 비웃는 사람들도 있었다. 그러나 나는 그 모든 시선 속에서 오히려 즐거움을 느꼈다. 누구도 쉽게 도전할 수 없는 길이기에, 그 길을 걸을 수 있다는 사실 자체가 내게 큰 행복이자 자부심이었다. 그때 나는 깨달았다. 인생에서 중요한 것은 남의 시선이 아니라, 스스로 세운 목표를 향한 흔들림 없는 의지임을.

누가 뭐라 하든, 나는 내가 세운 목표를 끝까지 완수했다. 지금 돌아보면, 그때의 노력과 결심이 내 삶의 방향을 완전히 바꾸었다는 사실이 자랑스럽다. 그 결과, 나는 경영 전문가부터 산업현장 관리사까지 총 15개의 1급 자격증을 취득할 수 있었다. 하나하나의 자격증은 단순한 종이가 아니라, 내 지식과 경험, 그리고 인내의 기록이었다. 그렇게 나는 비로소 '나만의 시대'가 시작되었음을 실감했다.

하지만 배움은 단순히 자격증이나 성취만을 의미하지 않았다. 나는 언제나 배워야 한다고 믿었다. 시간이 된다면 보고 배우고, 경험하며, 그 과정에서 얻은 지혜를 내 것으로 만들어야 한다. 배움에는 끝이 없으며, 그 배움을 함부로 사용해서는 안 된다는 신념도 함께 있었다. 모든 지식과 기술은 겸손과 존중, 그리고 아름다운 동행을 위해 쓰여야 한다는 믿음은, 내 인생의 나침반이 되었다.

나는 또한 나보다 덜 배운 사람들에게 도움을 줄 수 있는 인간이 되고자 했다. 이는 단순한 도덕적 선택이 아니라, 내 삶의 철학이자 실천 원칙이었다. 누군가가 어려움 속에서 길을 잃었을 때, 내가 가진 지식과 경험으로 그 길을 안내할 수 있다면, 그것은 내 삶을 더욱 의미 있게 만드는 일이었다. 그 목표는 단순히 마음속 다짐에 그치지 않았다. 나는 지금도 그 목표를 위해 끊임없이 배우고, 성장하며, 실천하고 있다.

그러나 인생의 전환점은 언제나 성공만으로 이루어지지 않는다. 가족 구성원의 변화가 내 삶에 깊은 영향을 미치는 경우도 많았다. 예를 들어, 가족 중 누군가의 건강이 갑자기 악화되거나 생활 환경이 달라지는 순간, 내 가치관과 생활 방식도 그에 맞춰 변화해야 했다. 이러한 변화는 혼란을 가져오기도 했지만, 동시에 내 삶을 돌아보고, 진정으로 중요한 것이 무엇인지 성찰하게 만드는 계기가 되었다.

그 과정 속에서 나는 배움과 성취가 결코 혼자만의 것이 아님을 깨달았다. 주변 사람들, 가족, 그리고 스승과 동료들의 격려와 지지 없이는 지금의 나도 존재할 수 없었다. 나는 그 모든 도움과 배움에 감사하며, 앞으로도 그 은혜를 나누는 삶을 살고자 한다.

또한 나는 끊임없이 도전하며 배운 것을 실천으로 옮기고자 했다. 단순히 자격증을 모으는 것이 목표가 아니라, 그 과정에서 얻은 지식과 경험을 현실에 적용하고, 필요한 곳에 나누는 것이 중요하다고 생각했다. 실제로 현장에서 만난 동료와 후배들에게 조언을 주고, 업무 프로세스를 개선하며, 때로는 실패에서 얻은 교훈을 공유하는 일은 내 삶을 더욱 풍성하게 만들었다.

나는 그 과정에서 작은 성취와 도움의 손길이 얼마나 큰 변화를 만들어 내는지도 체감했다. 한 사람의 고민을 듣고 작은 방향을 제시했을 때, 그 사람이 다시 일어서서 앞으로 나아가는 모습을 보는 것은 단순한 만족감이 아니라, 삶의 깊은 의미를 느끼게 했다. 이런 경험들이 모여, 나는 더 큰 목표와 꿈을 향해 나아갈 힘을 얻었다.

결국, 나에게 있어 중요한 것은 배움, 실천, 나눔이었다. 나는 이 세 가지 원칙을 따라 살아갈 때, 진정으로 행복하고 충만한 삶을 느낄 수 있음을 깨달았다. 그리고 그 깨달음은 단순히 지식이나 성취에 국한되지 않았다. 인생의 시련과 가족의 변화, 사회적 시선 속에서도 흔들리지 않는 중심을 잡아주는 힘이 되었다.

부모님의 건강이 점차 쇠약해지면서 나는 어머니와 함께하는 시간을 더욱 소중하게 여기게 되었고, 그 순간을 놓치고 싶지 않아 가족의 의미를 다시 한번 생각하게 되었다.

그와 동시에 나는 더 이상 어머니의 돌봄을 받는 자녀가 아닌, 어머니를 돌봐야 하는 책임을 지닌 어른으로서의 역할을 깨달았다. 가족 구성원의 변화는 나에게 감정적으로도, 정신적으로도 큰 영향을 주었으며, 그 순간을 통해 인생의 덧없음과 사랑의 소중함을 깊이 깨닫게 되었다.

결국, 백 년이 지난 옛집을 새로운 터전으로 바꾸는 결정으로 이어졌다. 백 년 된 집을 바꾸는 일은 쉽지 않은 결정이었지만, 어쩔 수 없는 선택이었다. 바닥에는 물이 스며들었고, 연로하신 어머니가 생활하기에는 너무 어려움이 많았다.

또한, 나는 과감히 새로운 길을 모색했다. 새로운 도전은 늘 두려움과 불확실성을 동반하지만, 동시에 삶을 더욱 풍요롭게 하고 나 자신을 성장시키는 기회가 된다. 이러한 순간들이 쌓이고 쌓여 지금의 나를 만들었다. 한 걸음씩, 때로는 넘어지기도 하면서, 나는 삶의 의미와 방향을 끊임없이 탐구하며 걸어왔다.

안정적인 삶을 살아가던 중 문득 나는 새로운 도전을 갈망하는 자신을 발견했다. 삶의 어느 시점에서 사람은 안정과 익숙함 속에 안주하려 하지만, 마음속 깊은 곳에서는 끊임없이 변화를 원한다는 신호가 울린다.

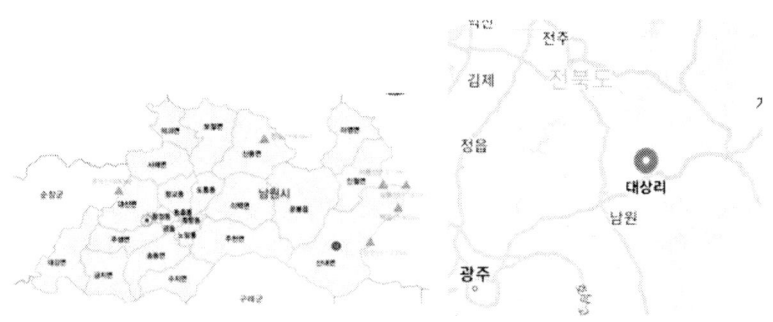

고향 지도 와 위치

10. 성공으로 가는 길

 1998년은 내 인생에서 가장 미친 해였다.
IMF(외환위기)로 수많은 회사가 문을 닫았고, 내 주변 사람들도 일터를 잃었다.
거리에선 정장을 입은 사람들이 흘러내리는 커피잔을 움켜쥔 채 한숨을 쉬고, 은행 건물 앞에는 구조조정 통보를 들은 사람들이 넋이 나간 얼굴로 서 있었다.

지켜보는 것만으로도 가슴이 저렸다.
그러나 이상하게도 나는 그 혼란 속에서 오히려 기회의 기운을 느꼈다.
무너질 때야말로 다시 세울 수 있는 법이다.
사람들이 절망으로 꺼져갈수록, 내 가슴속의 불씨는 더 뜨겁게 타올랐다.
그때, 나는 회사를 세웠다.
'코리아 크린 시스템'
이름을 말하면 사람들은 씁쓸하게 웃었다.

"이 시국에 무슨 시스템이냐, 청소업이냐?"
"회사 이름이 너무 거창하지 않냐? 지금은 버티는 게 우선이지."

그들은 현실만 보고 있었지만, 나는 미래를 보고 있었다.
깨끗함은 유행이 아니라 삶에 꼭 필요한 부분이라 생각했다. 그리고 국가는 무너지고 기업이 흔들려도, 필요한 것은 절대 사라지지 않는다.

처음에는 직원이 나 포함 두 명이었다.
사무실이라고 해봐야 허름한 창고 한쪽에 책상 두 개, 전화기 한 대가 전부였다.
겨울이면 찬 기운이 발밑에서 올라와 손발이 얼어붙었지만, 낡은 책상 위에 놓인 커피 한 잔이, 세상 어느 성공기업의 CEO보다 더 뜨겁게 느껴졌다.

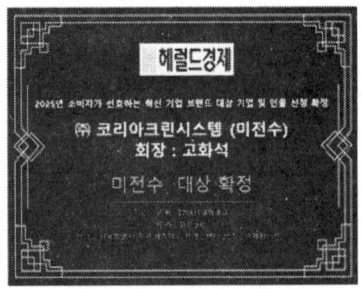

낡은 트럭을 빌려 타고 전국을 돌며 견적서를 내밀었다.
눈밭을 지나 고속도로를 달릴 때 창밖으로 스치는 바람 소리가 마치 나를 시험하듯 매섭게 몰아쳤다.
그럼에도 나는 움츠러들지 않았다.
내게는 믿음이 있었다.
한 공장의 담당자는 내 견적서를 보더니 말했다.
"젊은 양반, 이걸 진짜 할 수 있겠어?"
내 눈을 똑바로 바라보는 그 시선에서 시험과 경계가 동시에 느껴졌다.
나는 잠시 웃고 대답했다.
"못할 수도 있습니다. 하지만 안 하면 평생 후회할 겁니다."
그 한마디에 그의 눈빛이 흔들렸다.
그리고 계약서에 도장을 찍었다.

그날 밤, 나는 공장 바닥에 누워 설비 도면을 다시 그렸다.
새벽 공장 특유의 냉기와 철 냄새가 뒤섞인 공간에서, 나는 낯선 성공자의 냄새가 아닌, 도전자의 땀 냄새를 맡고 있었다.
다음 날 용접기를 들고 냄새나는 덕트 안으로 들어갔다. 손이 터지고 먼지가 눈에 들어가 앞이 흐려져도 멈추지 않았다.
내 이름으로 시작한 첫 시스템이었고, 그 공간에 흘려 넣은 땀 한 방울은 미래에 대한 약속과도 같았다.
그때의 경험은 내 사업 철학을 만들었다.
'깨끗함은 기술이 아니라 철학이다.'
이 문장은 지금도 내 사무실 벽에 걸려 있다.
돈보다 명예보다, 나는 신뢰를 얻고 싶었다.
시간이 지나며 회사는 천천히 성장했다.
작은 공장을 넘어서 대기업 공정라인, 지방자치단체 건물 관리 의뢰까지 들어왔다.
그러나 나는 늘 초심을 잃지 않으려 했으며 항상 직원들에게 말했다.
"사실은 사람의 마음을 깨끗하게 하는 일을 하는 거다." 그 말은 단순한 구호가 아니라 내 진심이었다.

기계는 고칠 수 있다.
하지만 사람의 신뢰는 한 번 잃으면 되돌릴 수 없다.
이 철칙은 지금까지도 변하지 않았다.
지금 돌이켜보면, 코리아크린시스템은 단순한 회사를 넘어 나의 인생 실험실이었다.
그곳에서 나는 경영을 배웠고, 기술을 배웠고, 세상을 배웠다.
그리고 무엇보다, 스스로를 믿는 법을 배웠다.

무너지는 시대 속에서 시작한 작은 불씨가 결국 나의 길을 밝히는 횃불이 되었다.

사업이란 것이 늘 순탄할 리는 없다.
성공의 기쁨이 찾아오면, 그 뒤에는 반드시 시련이 따라왔다.
2011년, 나는 그 사실을 뼈저리게 배웠다.
그해 봄, 대형 프로젝트였던 한 공장 공조설비 공사에서 사고가 발생했다.
배관 내부의 압력 밸브가 폭발하면서 장비가 손상되고, 다행히 인명 피해는 없었지만 회사의 신뢰는 무너졌다.
하루아침에 수십억 원의 계약이 취소되었고, 언론에서는 "안전관리 미흡 기업"이라는 기사가 흘러나왔다.

그때 나는 책상 위에서 하룻밤을 꼬박 새웠다.
'이제 끝인가?'
열정 하나로 일군 회사였기에, 무너지는 순간을 지켜보는 게 너무도 고통스러웠다.
한때 업계가 '기술로 승부하는 사람'이라며 높게 평가했던 나였지만, 위기는 가차 없었다.
그때의 밤공기에는 실패의 냄새가 짙게 배어 있었다.

그러나,

다음 날 아침 직원 한 명이 커피 한 잔을 내밀며 말해주었다.
"사장님, 다시 시작합시다. 이번에도 우리가 직접 복구하면 됩니다."
그 순간 심장이 멈추는 느낌이었다.
'내가 절망하고 있을 때, 사람들은 여전히 나를 믿고 있구나.' 나는 다시 마음을 다잡았다.
그 후로 우리는 밤낮없이 현장을 다시 세웠다.
직원들과 함께 헬멧을 쓰고 바닥을 닦았고, 장비를 옮겼으며, 다시 도면을 그리고 다시 시공했다.
기술적으로는 손해였지만, 사람으로는 큰 성장을 했다.

그때 깨달았다.
"기업의 진짜 자산은 장비도, 특허도 아닌 사람의 신뢰다."
그 이후 회사는 매년 '실패 복기 보고서'를 작성하기 시작했다.
실패를 숨기지 않고 기록하는 회사, 다시는 같은 실수를 하지 않기 위해 배우는 회사.
그 경험은 우리 조직을 더욱 강하게 만들었다.
위기는 나를 낮추고, 사람을 다시 보게 만들었다.
그 후로 나는 성공보다 '회복력'을 더 중요하게 생각하게 되었다.

현재의 위치에 만족하지 않고 더 넓은 세상으로 나아가고 싶다는 열망이 나를 사로잡았다.

나는 새로운 일에 집착하게 되었고 회사 사업의 분야를 넓혀 새로운 매장의 강의를 하게 되는 원천적 결심을 하게 되었고, 그 결정은 나에게 또 다른 배움과 성장을 안겨주었다.

익숙한 환경을 떠나 낯선 도전에 뛰어드는 것은 두려움도 있었지만, 그 도전은 내 삶에 활력을 불어넣었고 내 경력에 또 하나의 페이지를 만들었다.

당시 사람들은 말했다.

"지금도 성공했는데 굳이 왜?"

"욕심 아닙니까?"

그러나 멈추는 순간이 곧 쇠퇴의 시작이라는 것을 나는 알고 있었다.

원스톱.
개발, 생산, 판매, 관리 모든 것을 단독 시스템 개발로 완전히 바꾸게 되는 전환점이 시작되었다.
모든 이들이 쉽지 않을 거라고 했지만, 나는 앞으로 나아갔다. 모든 순간은 나를 더 강하게 만들었고, 내가 나아가야 할 방향을 다시 한번 깨닫게 해주었다.
이후 회사는 더욱 진화했다.
기술 역량을 쌓았고, 조직 문화를 다듬었고, 브랜드가치를 키웠다.
실패는 바닥이 아니라 더 높은 곳을 향한 발판이 되었다.

나는 스스로를 '기술자 출신의 경영자'라고 생각한다.
하지만 시간이 흐르면서 기술보다 더 복잡한 것이 '사람'이라는 것을 나는 깨달았다.
기술은 수치와 공식으로 증명할 수 있다.
그러나 사람은 마음으로 다가가야 한다.
때로는 말 한마디가 기술 수십 년보다 더 큰 힘을 발휘한다는 것을 나는 현장에서 배웠다.

회사가 커질수록 숫자와 보고가 늘어갔고, 사람의 표정은 점점 보이지 않았다.

'기업은 시스템으로 움직이지만, 사람으로 살아 숨 쉰다.'
그래서 나는 '사람 중심 경영'을, 그리고 '늘 처음처럼'이라는 사훈을 걸었다.
처음 회사를 시작할 때 가졌던 마음,
처음 직원 한 명을 만났을 때의 떨림과 책임감, 그 초심을 잃지 않겠다는 선언이었다.
나는 직원들을 '팀원'이 아닌 '동료'라 불렀다.
이름을 부르고, 그들의 가정을 기억하고, 힘든 일이 있을 땐 등 뒤에서 묵묵히 받쳐주는 리더가 되고자 했다.

어떤 직원이 아픈 아버지를 돌보느라 출근이 잦지 못할 때, 나는 오히려 그에게 휴가를 더 줬다.
그 직원은 눈물을 흘리며 사장님, 다음엔 꼭 보답하겠습니다. 라고 말했다.
그 말 한마디가 나를 더 단단하게 만들었다.
그 순간 나는 기업은 사람을 믿을 때 성장하고, 신뢰는 눈에 보이지 않아도 언젠가 반드시 되돌아온다는 것을 확인했다.

나는 회사를 '가족기업'이 아닌 '공동체'로 키우고 싶었다. 가족이라는 말은 때로는 부담이 될 수 있고, 공동체 서로 기대어 서는 존재라는 의미에서다.

그래서 만든 제도가 '신뢰의 하루'
한 달에 한 번, 모든 직원이 각자 선택한 사람과 하루를 함께 보내는 제도다.
그날만큼은 직급도, 보고도, 서류도 없다.
그저 사람과 사람이 마주 앉아 이야기를 나누는 시간이다.
이 제도 덕분에 회사의 분위기는 눈에 띄게 달라졌다.
사람들이 서로를 이해하기 시작했고, 존중과 배려가 조직의 언어가 되어 자연스럽게 팀워크도 강화되었다.
"신뢰는 지시로 쌓이지 않고 함께 있어야 쌓인다."라는 것을 알게 되었다.

나는 지금도 나는 현장에 자주 가서 작업복을 입고 직원들과 식당에서 밥을 먹는다.
그럴 때마다 직원들은
"사장님은 진짜 우리 편이에요."라고 말하면 나는 그 말을 들을 때마다 웃는다.
사실은 내가 그들의 편이 되고 싶었다.
그들의 땀과 성장이 회사의 가치이고, 그들의 행복이 곧 나의 목표이기 때문이다.

기계는 정직하지만, 사람은 변한다.
그래서 더 어렵고, 그래서 더 아름답다.

"나는 기술로 회사를 세웠지만, 사람으로 회사를 지켰다."
세상이 변하는 속도는 상상을 초월한다.
내 청춘 시절엔 전화 한 통이 귀했지만, 지금은 인공지능이 사람의 마음을 읽는 시대다.
처음엔 내가 배운 기술과 경험이 시대에 뒤처질까 봐 두려웠다. 하지만 두려움은 멈추라는 신호가 아니라, 성장하라는 신호라는 것을 생각하며 나는 다시 도전했다.
미래 세대가 물을 통해 약을 줄이고 병원을 멀리하는 세상을 만들자. 하루 네 잔의 깨끗한 물을 통해 더 건강한 내일을 만드는 미전수를 개발하는 일이다.

이제 나는 사업가이자 기술자, 그리고 교육자로 살고 있다.
대학 강단에 서서 젊은 학생들에게 말한다.
"실패를 두려워하지 마라. 실패는 실험실이고, 도전은 인생의 논문이다."
내가 걷는 길의 의미는 나 혼자가 아니라 다음 세대의 발자국 속에 남을 것이다.
그것이 내가 걸어온 길의 의미이자, 내가 남기고 싶은 '유산'이다

이제 나는 단순히 회사를 경영하는 사람이 아니라,

사람과 기술, 그리고 자연을 잇는 다리가 되고 싶다.
언젠가 내 이름이 잊히더라도 괜찮다.
다만 누군가의 삶 속에 내가 만든 '깨끗한 물 한모금'이 남아 있다면, 그것이면 충분하다.
인생을 돌아보면, 나는 늘 길 위에 있었다.
흙길에서 시작해, 도시의 골목길을 지나, 이제는 세계라는 길 위를 걷고 있다.

수많은 사람을 만났고,
수없이 넘어졌지만, 단 한 번도 멈춘 적은 없었다.
나는 젊은 날의 나에게 이렇게 말해주고 싶다.
"고화석, 너는 천천히 가도 괜찮다. 중요한 건 멈추지 않는 것이다."
삶은 완벽할 수 없지만, 진심일 수는 있다.
나는 늘 진심으로 일했고, 진심으로 사람을 믿었다. 그 믿음이 나를 오늘의 자리로 이끌었다.

가끔은 밤하늘을 올려다본다.
별빛이 흐르고, 바람이 분다.
그 순간 나는 다시 다짐한다.
나는 아직도 배우고 있으며 나는 아직도 걸어가고 있다.

사람들은 종종 "회장님, 이제 좀 쉬셔야 하지 않습니까?" 그러면 나는 미소 지으며 대답한다.
"아직 멈추기엔 배울 게 너무 많아요."
그 말은 허세가 아니라 배움이 끝나는 순간, 인생도 멈춘다고 믿기 때문이다.
나의 마지막 바람은 단순하다.
내 이름이 잊히더라도 누군가의 삶 속에 내가 만든 깨끗한 물 한모금, 그 작은 선물이 남아 있다면 그것이면 충분하다.

인생을 뒤돌아보면 수많은 순간이 마치 한 편의 영화처럼 스쳐 지나간다.
그 영화 속에는 기쁨과 슬픔, 성공과 실패가 모두 담겨 있다.
나는 그 순간들을 통해 많은 것을 배웠고, 그것이 나를 지금의 나로 만들었다.

지나온 시간을 돌아보며 내가 얻은 가장 큰 교훈은 인생이란 완벽할 수 없다는 것이다.
오히려 그 불완전함 속에서 삶의 참된 의미를 발견할 수 있었다.
기쁨은 물론이고, 실패와 슬픔 또한 나를 단단하게 만들어 준 소중한 경험들이었다.

그 순간들은 때로는 눈부셨고, 때로는 잔인했으며,
어떤 날은 숨이 막히도록 고되고 또 어떤 순간은 가슴이 벅차올랐다.
하지만 그 모든 장면이 모여 지금의 나, 흔들리면서도 다시 일어난 나를 만들었다.

젊은 시절에는 "완벽한 삶"을 꿈꿨다.
모든 걸 성취하고, 남들보다 앞서고, 누구보다 성공하고 싶었다.
그러나 인생은 완벽함이 아니라 불완전함 속의 의미를 알려주었다.
부족함이 나를 더 겸손하게 했고, 실패가 내 시선을 낮추어 사람을 보게 만들었다.

기쁨은 언제나 사람들과의 관계 속에서 빛났다.
가족과 함께한 시간들, 친구들과의 추억, 동료들과의 협력 속에서 얻은 성취는 나에게 큰 기쁨을 안겨주었다.
우리는 혼자가 아니라 서로에게 기대고 의지하며 살아간다.
이런 관계 속에서 나 자신을 발견했고, 그 안에서 나의 정체성을 형성할 수 있었다.
인생에서 가장 중요한 가치는 결국 사랑과 연결된 관계라는 것을 깨달았다.

가장 바빴던 시절, 회사 성장을 위해 시간이 부족해도 집에 돌아와 아이들 얼굴을 보는 순간, 지쳤던 마음은 어느새 풀리고, 다시 일어설 힘이 생겼다.
가족은 내게 가장 큰 기쁨이었고,
인생이란 결국 함께 웃을 수 있는 사람들 덕분에 아름답다는 사실을 깨달았다.
슬픔과 실패 또한 중요한 교훈을 남겼다.
실패의 순간마다 좌절감을 느꼈지만, 그 과정에서 포기하지 않는 법을 배웠다.

좌절은 때로는 나를 주저앉게 했지만, 그 속에서 다시 일어나는 힘도 키울 수 있었다.
슬픔 또한 피할 수 없는 인생의 일부였다.
사랑하는 사람을 잃는 슬픔, 기대에 못 미친 결과에서 오는 상실감. 하지만 그 감정 속에서 나는 나 자신과 더 깊은 대화를 나누게 되었다.
슬픔은 내 마음의 깊은 곳을 건드리며, 나를 더욱 성숙하게 만들었다.

인생의 어느 시기, 울고 싶어도 울 수 없는 시간이 있었다. 책임이 어깨 위에 얹혀 있고, 뒤를 돌아볼 틈이 없었기 때문이다.
그러나 지금 돌아보니 그 순간들도 나를 단단하게 만든

고비였다.
눈물은 약함이 아니었다.
그것은 다시 일어나기 위한 준비였다.

성공은 물론 나에게 큰 보람을 안겨주었지만, 그 자체가 인생의 궁극적인 목적은 아니었다. 오히려 성공을 이루기까지의 과정 속에서 나는 더 많은 것을 배웠다.
실패 속에서 배운 인내와 끈기, 성취를 이루었을 때의 겸손함.
이런 것들이 나를 더 넓은 시야로 세상을 바라보게 했다.

내가 이룬 성공은 혼자만의 노력이 아니라, 주변의 사람들과 함께 이뤄낸 결과였다.
그래서 성공보다 중요한 것은 나를 지지하고 응원해 준 사람들에게 감사하는 마음이었다.
이제는 성공이란 혼자가 아니라 함께 만들어 가는 여정에서 완성된다는 것을 알게 되었다.

나는 지금도 새벽 5시 반이면 이미 알람이 울린다.
아직 어둠이 완전히 걷히지 않은 세상, 그러나 나는 벌써 움직인다.
"하루를 먼저 시작하면 하루를 더 얻는다"라는 생각에

서이다.
나는 아침형 인간으로 아침 7시 이전에 사무실 또는 공장으로 출근하는 것이 단지 습관이 아니다.
나에게는 책임이다.
공장 문이 아직 닫혀있고, 직원들이 모이기 전 내가 먼저 도착해 기계의 온도부터 점검하고, 생산라인 밸런스, 원재료 재고를 확인한다.
이런 조짐 속에서 나는 내 사업의 방향을 매일 가다듬는다.

우리 회사에는 제1공장과 제2공장이 있다.
사무실과 공장 각각이 자택에 가까운 군포에 위치해 있기 때문에, 출퇴근 시간이 짧고 그만큼 더 자주 현장을 들를 수 있었다.
사무실에서 회의실을 지나 고객관리팀의 보고를 듣고, 다시 개발팀이 있는 제3공장까지 발걸음을 옮긴다.
고객으로부터 접수된 클래임의 원인을 직접 듣고, 개발팀과 함께 해결 방안을 논의하는 이 과정이 나에겐 가장 생생한 하루의 일부다.

아침 7시 이전에 출근한다는 것이 쉬운 일만은 아니다.
가족이 아직 잠든 사이에 집을 나서고, 헬멧을 쓰고 자동차 문을 여는 순간, 나는 또 한 번 내가 선택한 길을 재확인하며 "나는 물을 통해 사람들을 살리겠다"는 다짐을 한다.

가정에서는 나는 아버지이며 남편이다.
집에서는 따뜻한 아버지가 되기 위해 노력한다.
우리 아들은 대학에서 약학을 전공하고 건강 관련 사업에 관심을 가지고 있다.
그 모습을 보며 나 역시 건강 쪽으로 공부한다고 말한다.
사실, 나는 "아버지이기 때문에"가 아니라, "배우는 사람으로서" 건강 기술을 향해 끊임없이 나아간다.

아들이 약학을 공부하며 건강사업을 준비하는 모습을 보면서, 나는 다음과 같은 생각을 갖게 되었다.
사업이란 단순히 돈을 버는 수단이 아니다.
사람의 건강을 지키고 나아가 인류의 삶을 개선하는 도구여야 한다.
그래서 내가 직접 개발한 기계, 내가 품질을 직접 챙긴 물은 삶의 질을 바꾸는 작은 혁신이어야 한다.

그리고 나는 '가족이 나의 첫 번째 시장'이라고 믿는다.
내가 개발한 기계로 우리 가족이 먼저 물을 마셔본다.
"이 물을 우리 가족이 마실 수 있겠나?"

그 질문이 생산 라인을 여는 첫 질문이자 마지막 질문이다.

밤늦게 집으로 돌아와 조용히 거실에 앉으면, 가족의 얼굴이 떠오른다.
아들이 실험실에서 연구하는 모습, 아내가 식탁 위에 정수기를 바라보는 모습, 그리고 내가 사무실 창 너머로 공장을 바라보던 모습이 서로 겹친다.
이 모든 것이 하나의 흐름으로 연결되어 있다는 것을 느낀다.

MBN성공다큐 '최고다' 출연

11. 발자취

 2024년 1월, '위클리 피플'이 다시 한번 나를 조명해 주었다.
"다시 만나고 싶은 인물"이라는 타이틀과 함께, 신년호에 이름이 오른다는 것은 기업인으로서 무엇보다 값진 보람이다. 이 영예는 단순한 수상 이상의 의미가 있다. 국민 건강을 위한 나의 철학, 그리고 한 길을 묵묵히 걸어온 수십 년 연구의 결실이 세상과 다시 확인된 순간이기 때문이다.

나는 오랜 세월 건강한 물, 그리고 자연 치유의 원리를 연구해왔다. 그 결과물이 바로 내가 개발한 '수소 미전수' 많은 이들이 '생명수'라 부르는 물이다.
이 물은 "아무리 강조해도 지나침이 없는 물" 그리고 "꿈을 현실로 만든 물" 그 표현 하나하나가 과장이 아니다. 실제 제품을 사용해 건강과 활력을 되찾은 수많은 고객이 그 사실을 증명하고 있다.

나는 늘 의문에서 출발했다.
"왜 자연 속의 생명은 스스로 회복하는데, 현대인의 몸은 점점 병들어 갈까?"
국민 건강과 환경을 동시에 지키는 제품을 만들고자 했던 나에게, 해답은 자연이 지닌 미세전류였다. 인간의 몸속에는 생명을 유지하기 위해 미세한 전류가 흐른다. 이 미세전류는 세포 활성, 면역, 균형 유지에 핵심 역할을 한다.

1991년, 노벨 생리의학상 수상자 에르빈 네어와 베르트 자크만 박사가 "단일 이온통로의 미세전류를 측정"하며 생체 전류의 중요성을 과학적으로 밝혀냈다.
그 사실은 내 연구 방향을 더욱 확고히 했다.
"물에도 생체와 같은 미세전류를 부여한다면, 인체는 스스로 회복할 수 있다."

그 믿음 하나로 나는 연구실을 마련하고 수많은 시행착오를 거쳤다.
그리고 마침내, 수소 원자 방식 + 강력한 자기장 기술을 결합하여 물속에 자연 치유형 미세전류가 흐르는 시스템을 개발했다.
이것이 바로 수소 미전수 생성 원리다.
그리고 여기서 멈추지 않았다.
누구나 쉽게 사용할 수 있도록 필터 방식으로 기술을 확장했고, 다수의 실용신안과 특허로 경쟁력을 입증했다.

수소 미전수기의 핵심은 놀랍도록 단순하고 위대하다.
전기를 꽂지 않아도 미세전류가 흐르며 그것은 인위적 강제 에너지가 아닌, 자연의 원리 그대로다.
자연이 지닌 치유의 힘을 물속에 담아내는 것이 지금도 변함없는 나의 철학이다.

나는 기술을 만들 때 가장 먼저 환경을 생각한다.
그래서 우리의 필터는 플라스틱이 아닌 스테인리스다.
스테인리스는 재생이 가능하기 때문이며 자동 압력 조절이 가능한 인택트 기술을 적용했다.

화성 제1공장에서는 수소 미전수의 심장이라 할 수 있는 핵심 부품 제조가 이루어진다.
눈에 보이지 않는 기술이지만, 이곳에서 완성되는 한 개의 부품이 수많은 가정과 사람들의 건강을 지탱한다.
정교하고 섬세한 생산 과정은 모두 숙련된 기술진의 손끝에서 탄생한다.

이어 화성 제2공장에서는 용접과 복합 조립 공정이 진행된다.
기계 한 대가 완성되기까지는 수많은 사람의 손과 마음, 그리고 책임감이 함께 녹아든다.
미세한 편차도 허용하지 않는 정밀 공정 속에서, 제품은 고객의 삶속으로 들어갈 준비를 마친다.
군포와 서울 사업장은 제품이 세상과 만나는 곳이다.
유통과 마케팅, 그리고 녹물 억제 시스템 사업을 통해 "깨끗한 물을 모든 가정에 보급한다"는 우리의 철학을 현실로 구현한다.

또한 전국으로 펼쳐진 A/S망은 24시간 긴급 대응 체계를 구축하고 있다.
고객이 어려움을 겪는 순간, 가장 먼저 달려가는 기업.
그 정신이 바로 사훈 '늘 처음처럼'이다.
초심을 지키고, 고객의 편에 서며, 신뢰를 잃지 않는 기업이 되겠다는 약속이다.

그동안 수많은 고객의 체험담이 오늘의 회사를 만들어 왔다.
오랜 병으로 지쳐 있던 어르신이 다시 활력을 되찾은 이야기,
가족 중 누군가의 건강이 회복되며 웃음과 평온이 되돌아온 가정,
삶의 질이 눈에 띄게 향상되었다는 진심 어린 감사의 메시지들
그들은 단순한 사용자나 소비자가 아니다.
우리 연구와 노력의 진정한 이유이며, 존재 목적이다.
그 변화의 기록 한 줄 한 줄이, 내가 걸어온 길과 땀의 가치를 증명한다.
이러한 노력과 사명은
스포츠서울 소비자 신뢰 탑 브랜드 대상,
MBC 성공다큐 「최고다」 290회 출연,
신지식인 경영대상 등 여러 공식적인 인정과 수상으로

이어졌다.
그러나 가장 큰 상은 언제나 고객의 삶 속 변화였다.

최근 개발한 SAVE153은 우리의 기술 철학이 집약된 또 하나의 혁신이다.
이름 그대로 153개의 기능과 153개의 생명 철학이 담긴 제품이며, 단순한 정수 장비가 아니라 생활 환경을 바꾸는 복합 치유형 시스템이다.
기름때가 세제 없이 지워지고, 머리카락이 부드럽게 감기며, 가정에서 화학 제품 사용량이 줄어든다.
작은 변화처럼 보이지만, 가정의 건강과 자연의 회복이라는 측면에서 이는 커다란 혁신이다.
그 우수성이 입증되며 해외에서도 큰 관심을 받고 있으며, SAVE153은 단순한 제품이 아닌 대한민국 물 기술의 자부심으로 자리 잡아가고 있다.

2019년 신지식인 경영대상 수상

신지식인이란 지식의 활용 가치를 능동적으로 창출하는 사람이다.
그들은 다양한 분야에서 활약하며, 꽃과 향기가 오래가게 만드는 기술을 개발하기도 하고,
또 아무도 관심 두지 않던 풀을 건강식품으로 만들어 농가에 새로운 수입을 창출해 주기도 한다.

필자 역시 같은 마음으로, 새롭고 좋은 물을 만들어 신지식인이 되고자 했다.
단순히 제품 하나를 만드는 것이 아니라, 물의 가치를 새롭게 열고, 우리의 삶을 더 풍요롭게 하려는 마음이었다.
그 노력 속에서 필자는 물의 가능성을 발견했고, 작은 연구 하나가 사람들의 건강과 일상에 실제 도움을 줄 수 있다는 확신을 가지게 되었다.
그래서 나는 오늘도 물을 연구하며, 그 가치를 더 많은 사람에게 알리고자 한다.

작은 지식이라도 누군가의 삶을 바꾸는 데 쓰일 수 있다면, 그것이 신지식인의 존재 이유일 것이다.
앞으로도 나는 새로운 길을 두려워하지 않고, 더 나은 물과 더 나은 삶을 위해 묵묵히 걸어가려 한다.

중년기를 마무리하며 다음과 같이 마음의 글을 남겨본다.
은퇴는 내가 인생에서 가장 크게 맞이한 전환점 중 하나였다. 오랜 시간 일에 매진하며 달려왔던 삶을 멈추고, 이제는 나 자신을 돌아보게 되는 순간이었다.
삶은 쉼 없이 달리기만 할 수 있는 경주가 아니었다.
내 인생을 돌아보니, 나는 언제나 앞으로만, 더 멀리만, 더 높이만 바라보고 있었다.

그 과정에서 놓친 것들은 없었을까?
가족과 함께 웃을 수 있는 시간, 마음을 다해 나 자신을 보듬는 여유, 그리고 단순하지만 소중했던 일상의 풍경들도 아쉬움으로 남는다.
한동안은 멈추는 것이 두려웠다.
일이 곧 내 존재였고, 사회 속에서 내 역할이 나의 정체성과 같았기 때문이다.

예전의 나는 '일하는 나'가 전부였지만, 지금의 나는 '살아가는 나'를 발견하고 있다.
수십 년간 손에 쥐었던 사업과 책임, 그 무거운 짐을 내려놓는 순간, 공허함이 찾아오는 줄 알았다. 하지만 놀랍게도 빈손은 오히려 마음을 풍요롭게 했다.
내가 만든 회사가 이제는 스스로 움직일 수 있음을 확

인했고, 함께했던 직원들이 자신의 자리에서 성장해 가는 모습을 바라보며 생각했다.
"내가 해낸 것보다, 내가 키워낸 사람들이 더 큰 증거다."

기업가는 퇴장해야 할 때를 알아야 한다.
그리고 나는 온 마음을 다해 뛰었기에,
이제는 조용히 다음 세대가 만들어 갈 미래를 지켜볼 수 있게 되었다.
사람들은 은퇴하면 배움도 끝난다고 생각한다.
그러나 나는 지금도 배우고 있다.
다만 예전처럼 시장을 배우는 것이 아니라, 삶을 배우고, 사람을 배우고, 나 자신을 다시 배우는 중이다.
책 속에서, 자연 속에서, 그리고 가만히 눈을 감고 숨을 들이쉬는 고요 속에서 나는 여전히 성장한다.

나는 여전히 꿈이 있다.
단지 그 꿈이 돈이나 규모가 아닌, 사람과 가치, 그리고 남김에 대한 꿈이라는 점만 다를 뿐이다.
그리고 나 자신에게도 고생했으니 이제는 누릴 차례다. 라고 말하고 싶다.
이제 나는 내 삶의 다음 장을 천천히 펼쳐 나갈 것이다. 멈춤 속에서 다시 출발하고, 쉼 속에서 다시 꿈꾸며, 그렇게 또 한 번의 새로운 인생을 시작하려고 한다. 나는 여전히 새벽에 일어나 커피를 내리고, 하루의 계획을 노트에 적는다. 그 한 줄 한 줄이 내 인생의 새로운 페이지다.

고요한 새벽 공기 속에서, 연한 커피 향이 천천히 퍼져 나간다.
매일 반복되는 이 작은 의식은, 누군가에게는 사소한 일상일지 모르지만 나에게는 내 삶을 다시 세우는 가장 단단한 기초다.
삶이란 거창한 선언이나 거대한 사건이 아니라 이렇게 평범해 보이는 순간들의 쌓임이라는 것을 나는 세월 속에서 배웠다.

이 책을 쓰고 있는 지금도 나는 또 하나의 길목에 서 있다.
앞으로의 길이 다시 고요한 강일지, 험난한 폭풍일지, 혹은 새로운 도전과 기회가 함께하는 예상치 못한 모험일지 알 수 없지만 확실한 한 것은 나는 멈추지 않을 것이며 내 삶은 계속될 것이다.
멈추지 않는 삶.
그것이 내가 선택한 길이고, 내가 나에게 약속한 단 하나의 진실이다.

제3장 멈추지 않는 길
12. 1인 다역 강사의 길

세상에는 수많은 직업이 있다.
그러나 사람의 마음을 움직이고, 지혜를 나누며, 삶을 변화시키는 일을 하는 직업은 그리 많지 않다.
그 가운데 하나가 바로 강사라는 직업이다.

나는 오랜 세월 발명가로, 기업인으로, 그리고 교육자로 살아왔다.
그리고 나의 경험과 철학, 그리고 삶의 노하우가 가장 아름답게 빛나는 무대는 강의 현장이라는 사실을 어느 순간 깨달았다.

누군가는 평범한 직업이라고 말할지 모르나, 내가 보기에 강사는 결코 평범한 직업이 아니다.
강사는 지식을 전하고, 영감을 나누며, 사람의 미래를 변화시키는 사람이다.

그리고 그 길은 생각보다 많은 이들에게 열려 있다.
특히 인생 2막을 준비하는 이들에게, 강사의 길은 더없이 소중하고 가치 있는 여정이다.

우리나라에는 강사가 많다.
통계에 따르면 전국의 강사는 약 100만 명에 이른다.
학원강사만 35만 명, 노래 강사, 댄스 강사, 복지관 강사, 요가 및 수영 강사, 각종 세미나 강사, 그리고 대학 강의자까지, 누가 보아도 '강사 천국'이라 할 수 있다.
그러나 아이러니하게도 진정한 스타 강사, 명강사는 흔치 않다.
강사라는 타이틀은 누구나 가질 수 있지만, 사람들의 마음을 흔들고 인생에 영향을 미칠 수 있는 강사는 소수다.

흔히 사람들은 박사, 회장, 교수라는 명함이 붙어야 유명 강사로 인정받는다고 생각한다.
그 편견 속에서 많은 이들은 스스로의 재능을 펼치지 못하고 주저한다.
하지만 나는 단언한다.
명함보다 중요한 것은 내용이다.
지식보다 더 중요한 것은 경험과 감동, 그리고 진정성이다.

나 역시 처음부터 강의를 목표로 살았던 사람은 아니다.
나는 먼저 발명가로 살았다.
필자가 직접 개발한 수소 미전수가 시장에서 인정받기 시작했을 때, 사람들은 내게 기술을 가르쳐 달라고 요청했다.
그것이 첫 강의였다.

내 제품의 원리를, 깨끗한 물의 중요성을, 건강과 장수의 철학을 사람들에게 전했다.
경험이 있는 사람의 말은 듣는 이의 삶을 움직인다는 사실을 그때 나는 알았다.
그 후 박사 강사, 회장 강사로 불리며 여러 무대에 서게 되었고, 강의는 내 삶의 중요한 축이 되었다.

초청 강연 모습

내가 단상에 올라 설 때, 청중의 시선이 나에게 집중되고, 숨소리조차 꺼진 듯한 그 긴장과 집중 속에서 나는 살아있음을 느낀다.
지금까지 많은 무대에 섰다.
그러나 단 한 번도 누군가 졸거나 하품하는 모습을 본 적이 없다. 눈을 감고 조는 사람도 없었다.
오히려 강의가 끝나면 청중들은 자리에서 일어나 박수로 화답하고, 강단 아래로 와서 손을 잡고 사인을 요청한다.
나의 경험, 나의 시간, 나의 삶이 누군가에게 가치를 주었다는 사실을 그 순간 나는 깨닫는다.
그보다 더 큰 보람이 어디 있을까!

강사는 직업이면서 사업이다.
그리고 강사라는 직업은 다음과 같은 특별한 장점을 갖는다.
①사업자금이 필요 없다.
②사무실이 없어도 된다.
③출퇴근이 없다.
④정년이 없다.
⑤노력만큼 수익이 오른다.
⑥사람들에게 존경받는다.
시간과 경험, 지혜 그 자체가 상품이 된다.

누군가가 "초보 강사는 돈을 못 벌지 않습니까?"라고 물었다.
초기에는 무보수 강의도 하지만
그러나 그 과정에서 실력이 쌓이고 이름이 알려지면,
강사는 인생 후반기에 가장 빛나는 수익 구조를 갖게 된다.

일반 강사와 유명 강사와의 시간당 보수는 큰 차이를 보이며 유명 강사의 경우는 심지어 매니저와 운전기사를 두고 다니는 이도 있다.
그러나 중요한 것은 돈이 아니다.
명강사가 되는 과정에서 쌓는 명예, 자존감, 성취감이다.

고객과 함께한 세미나

사람들은 종종 이렇게 말한다.
"나이가 들면 몸이 약해지고 할 일이 없어진다."
그러나 나는 다르게 본다.
나이가 들수록 사람은 깊어진다.
세상 경험과 인내, 지혜가 쌓이고, 그것을 나눌 준비가 되는 시기다.
어르신이 돌아가시면 도서관 하나가 사라진다는 말이 있다. 그만큼 노인의 경험은 소중하다.
그 지혜를 세상에 남기지 않는 것은 큰 손실이다.

노년의 가치를 썩히지 않는 사회,
노인의 지혜가 쓰이는 사회가 되어야 한다.
그리고 그 해결책 중 하나가 바로 노년 강사 육성이다.
강사가 되기 위한 조건은 간단하다.
건강, 독서, 경험, 지속적인 연습이며 학벌이나 자격증이 없어도 된다.
단 하나, 배우고자 하는 열정과 나누고자 하는 마음이 있다면 된다.

독서하는 노인은 치매가 오지 않는다.
걷고 배우고 말하는 사람은 늙지 않으며 뇌는 쓰면 쓸수록 젊어지기 때문이다.
하루 3시간씩 책을 읽고, 500시간만 투자하면 변화가 생기기 시작한다. 그리고 1만 시간을 쌓으면 전문성이 된다.
강사는 결국 스스로 만들어지는 것이다.

처음 강단에 서는 날,
누구나 다리가 떨리고, 머릿속은 새하얘지고, 수십 쌍의 시선이 그 어떤 칼날보다 날카롭게 느껴진다.
말 한마디 꺼내는 것조차 두려워 손끝까지 얼어붙는다.
하지만 경험이 쌓이고, 강단에서의 연륜이 계급장처럼 가슴에 붙기 시작하면 마치 물이 오른 나무처럼 말이 살아 숨 쉬고, 청중의 숨결과 호흡을 읽을 수 있게 된다. 그 순간부터 강사는 더 이상 말하는 사람이 아니라, 청중을 들었다 놓았다 하는 사람, 웃음과 울림을 동시에 전할 수 있는 사람으로 성장한다.

프레젠테이션 잘하고, 말 잘하면 되는 직업이라고 많은 사람들은 강의를 기술이라고 생각한다.
그러나 진정한 강의는 말솜씨가 아니라 철학에서 나온다.
청중은 화려한 언변에 감동하지 않는다.
감동하는 것은 삶의 무게가 실린 이야기, 그리고 그 이야기를 믿고 살아온 사람의 진정성이다.
어떤 강사는 지식은 많으나 마음을 움직이지 못한다.

반대로 많은 공부를 하지 않아도 삶에서 얻은 교훈을 진심으로 전하는 이들은 청중을 사로잡는다.
강사는 지식 전달자가 아니라 삶의 안내자이고, 마음의 조율자이며, 자기 변화의 촉매제다.
나는 강의를 통해 사람들에게 말한다.
"살아온 길은 누구에게나 의미가 있다.
그 경험을 나누지 못하면 세상에 빛을 남기지 못한다."
내 강의의 핵심은 언제나 내용보다 사람, 지식보다 인격이다.
아무리 훌륭한 이론도 따뜻한 마음이 없으면 씨앗이 심어지지 않는다.
강사는 먼저 사람을 이해해야 한다.
청중의 표정, 눈빛, 숨결, 집중도, 감정의 흐름을 읽어야 한다. 그래야 마음과 마음이 연결된다.

인생은 두 번 주어진다고 한다.
두 번째 인생은 자신이 왜 살아왔는지 깨달을 때 시작된다.
많은 사람이 퇴직 후 길을 잃는다.
일터에서의 역할이 사라지면, 마음도 함께 작아지기 때문이다. 그러나 나이 들수록 더 큰 강사가 될 수 있다.
왜냐하면 인생을 살아온 시간이 곧 지식이자 교재이고, 그 자체가 학위이기 때문이다.

나는 많은 시니어들에게 말한다.
"여러분의 세월은 발표되지 않은 최고의 책입니다."
그 책을 꺼내어, 사람들에게 펼쳐 보이면 그것이 강사의 길이다.
강사는 최고의 홍보 수단이자 기업가에게 주어진 두 번째 무기이다.
요즘 시대에 기업가에게 필요한 능력은 단순히 상품을 만드는 것에서 끝나지 않는다.
자신을 알리고, 기업을 알리고, 브랜드 가치를 높이기 위해서는 반드시 사람들 앞에 서야 한다.
기업가도 소상공인도 강사가 되어야 한다.

강의는 단순히 지식을 전달하는 자리가 아니라 자신을 소개하고, 기업을 소개하고, 철학을 전할 수 있는 가장 강력한 홍보 무대다.
강의장을 찾는 순간, 우리는 한 사람이 아니라 기업 대표이자 브랜드 홍보대사가 된다.
즉, 1인 2역을 수행하는 셈이다.

지역 곳곳에는 기회가 널려 있다.
복지관, 여성센터, 도서관, 문화센터, 마트 문화행사, 각종 세미나와 소모임까지 이 모든 곳이 무대가 될 수 있다.

그 문을 두드리는 사람에게만 기회가 오며, 마다하지 않고 나서는 이에게 세상은 길을 열어준다.
나이가 들어서도 강의를 계속한다면 어떨까?
노년의 무료함은 사라지고, 성취감과 활력, 그리고 더 나은 삶의 질이 찾아온다.
무대에 선다는 것은 곧 뛰는 심장과 설레는 인생을 되찾는 일이다.

혹여 강의할 영역이 보이지 않는가?
그렇다면 자신의 제품을 들고 세미나를 열어라.
작은 자리라도 좋다.
듣는 사람만 있다면, 그곳이 곧 시장이고 기회다.
세상에 그냥 이뤄지는 일은 없다.
감나무 아래 누워 감 떨어지기를 기다리는 사람에게는 아무것도 오지 않는다.
복권도 사야 당첨이 되듯, 기회는 움직이는 사람에게 주어진다.

말을 잘하는 사람이 시대를 이끈다.
강연장에서 청중의 마음을 움직이고, 때로는 웃기고 울릴 줄 아는 사람 그가 바로 매출을 올리는 강사다.
사람들은 지식보다 감동을 기억하고, 정보보다 사람에게 설득된다.

발음은 정확해야 하고, 목소리는 명료해야 하며,
적당한 유머와 여유는 청중의 마음을 사로잡는다.
지루한 강의는 실패한 강의다.
웃음과 감동이 있어야 박수는 저절로 나온다.
또한 경험이 없는 젊은 강사보다 삶의 풍파를 겪은 노련한 강사에게 신뢰가 더해지는 법이다.

말이란 곧 생각의 얼굴이고, 글은 인생의 기록이다.
말 잘하는 사람은 글도 잘 쓰게 되고, 글을 쓰다 보면 책을 낼 수도 있다.
성공한 사람들의 공통점은 무엇인가?
그들은 말과 글을 무기로 삼는다.
똑똑함의 기준은 단순하다.
①품위 있는 외모와 태도
②조리 있는 언변
③깊이를 담은 글쓰기
④실수를 줄이는 올바른 판단력

세상의 많은 직업이 결국 언어 능력으로 성공을 증명한다.
교사, 목회자, 정치인, 변호사, 방송인 모두가 말을 잘함으로써 영향력을 가진 사람들이다.
그러므로 말 잘하는 비결은 독서다.

지식이 쌓이면 지혜가 생기고, 지혜는 언어가 되어 흐른다. 그러므로 명강사는 꾸준히 책을 쓰고, 무엇이든 끊임없이 읽어 다독하면 그곳에서 풍부한 자료가 생긴다.
책이 곧 사상의 근육이고, 언변의 토대이기 때문이다.

강사의 이미지는 신뢰다.
강사에게 가장 중요한 것은 이미지이므로 첫인상은 단 3초 만에 결정된다.
사람들이 이렇게 속삭이는 모습을 떠올려 보라.
"점잖고 신뢰감 있다."
"말투가 품위 있다."
"경험이 묻어난다."
과장된 옷차림보다 단정함이, 요란함보다 진정성이 중요하다. 강사는 삶의 태도가 그대로 비치며 흠 없는 평판이 최고의 자본이다.

도전한 사람만이 새로운 인생을 얻는다.
전업주부로 살아온 한 여성이 노년이 다가오자, 그녀는 이렇게 생각했다.
"이대로 세월을 보내기엔 내 인생이 너무 아깝다."
그녀는 강사 양성과정에 등록했고, 마침내 백화점 문화센터에서 첫 강의를 했다.

수강생들은 쇼핑을 겸해 온 여유로운 주부들이었다.
강의료는 일 인당 2천 원, 결코 큰 금액이 아니었다.
그러나 그녀는 환하게 웃으며
"돈보다, 내가 이 나이에 사람들 앞에서 당당히 섰다는 성취감이 가장 소중합니다."라고 말했다.
그날 이후 그녀의 혈압은 안정되었고, 당수치는 낮아졌다. 무대에 설 때마다 엔돌핀이 솟구쳤고, 자신감이 생기면서 강의는 그녀의 삶을 바꾸었다.
건강을, 자존감을, 인생의 두 번째 봄을 선물했다.

생각이 사람을 만들고, 습관이 인생을 완성한다.
사람이 습관을 만들지만, 결국 습관이 사람을 만든다.
생각을 바꾸면 습관이 바뀌고, 습관이 바뀌면 인생이 달라진다. 그리고 그 생각을 바꾸는 가장 빠른 길은 닮고 싶은 멘토를 만나고 배우는 일이다.

강의를 경청하는 고객들

13. 내가 닮고 싶은 나의 멘토

 필자가 멘토로 삼고 싶은 사람은 200년 전, '미국의 아버지'라 불리는 벤자민 프랭클린의 인간성이다.
그의 어린 시절부터 30세까지의 삶을 들여다보면 필자와 유사한 점이 많아, 자연스레 마음이 이끌려 그에 대해 피력해 보고자 한다.

500여 년 전 조선 시대 신사임당이 지금의 5만 원권 지폐에 얼굴이 새겨져 있듯이, 프랭클린 또한 미국에서 도덕성과 업적을 인정받아 달러 지폐에 사진이 새겨졌다. 지폐에 얼굴이 들어간다는 것은 권력자나 부호라는 이유가 아니라, 역사 속에서 인류의 귀감이 되는 인물이었음을 의미한다.

프랭클린은 1706년 미국 보스턴 가난한 가정에서 태어났다. 무려 17남매 중 15번째로 태어났으니, 그의 삶이 얼마나 소박한 기반에서 시작되었는지 짐작할 수 있다.

그의 아버지는 비누를 만드는 노동자였고, 그래서 프랭클린은 12살까지 늘 아버지 일을 도와야 했다. 학교를 다닌 것은 고작 2년 남짓이었으니, 세상 기준으로 보면 배움의 기회조차 제대로 갖지 못한 인물이었다.

하지만 가난과 환경은 그의 삶을 가로막지 못했다.
오히려 그는 그 조건을 발판으로 삼아, 자신을 단련하고 성장시키는 길을 택하였다.
형이 운영하는 인쇄소에서 견습공으로 일하며, 낮에는 일하고 밤에는 독학으로 공부하였다. 주경야독으로 책을 읽고 글쓰기를 연습하며, 스스로 사유하는 법을 익혔다.

그 노력의 결과 그는 23세에 자신의 인쇄소를 차리고 신문사를 창간하였다. 또 외국어를 독학하여 훗날 펜실베이니아 대학의 전신인 필라델피아 아카데미를 세웠으며, 공공도서관을 만드는 등 교육·문화 발전에도 크게 기여했다.
그는 피뢰침과 다초점 렌즈를 발명하는 발명가였고, 신문을 만들며 세상을 바꿔간 출판인이었으며, 나아가 과학자, 사상가, 정치가로 활동하면서 수많은 업적을 남겼다.

40세에 시의회 의원으로 정치에 참여하고, 미국 독립선언문 작성에도 힘을 보탰다. 그래서 오늘날 미국인들은 그를 가장 닮고 싶은 인물 1위로 꼽는다.
그의 저서 <가난한 리처드의 달력>과 <가벼운 지갑>자서전은 지금도 세계인의 정신을 일깨우는 명저다.
프랭클린이 위대했던 가장 큰 이유는 단순히 업적이 아니라 인격에 대한 집념이다. 20대에 그는 놀랍고도 원대한 목표를 세웠다. 바로 '인격 완성'이다.

그는 인격을 실천하기 위해 13가지 덕목을 정했다.
절제, 침묵, 질서, 결단, 절약, 근면, 진실, 정의, 중용, 청결, 평정, 순결, 겸손.
이렇게 매일 자신의 실천을 기록하고 잘못된 점을 고치며 스스로를 다듬었다.
그 덕에 그는 83세까지 잔병 하나 없이 장수하였다. 200년 전 평균 수명을 생각하면 이것은 놀라운 기록이다. 근면함, 성실함, 정직함, 그리고 가족과 타인에 대한 따뜻함. 이 모든 것이 쌓여 그는 국민의 아버지로 불렸다.
지금도 105세가 넘어서까지 독서하고, 강의하며, 집필을 이어가는 김형석 박사처럼, 삶에 대한 태도와 마음가짐이 바르면 사람은 나이를 뛰어넘어 오랫동안 장수할 수 있다.

정치인이 되기 전에 이미 스스로의 인생을 빛냈고, 명예를 얻은 후에도 교만하지 않았다.
삶의 마지막 순간까지 그는 겸손했고, 배움을 멈추지 않았다. 그가 남긴 가장 위대한 업적은 발명품이나 재산이 아니라 그 자신이라는 인격이었다.

프랭클린은 이렇게 말했다.
"나는 가난한 집에서 태어나고 자랐지만, 인성의 덕목을 실천함으로써 풍족한 삶을 살았다. 한 번 주어진 인생은 잘못 살았다고 다시 시작할 수 없다. 그러므로 잘못을 발견하면 수정해야 한다."
소설가가 초판의 오류를 개정판에서 고치듯이 우리도 삶을 돌아보고 성찰해야 한다.

살아가는 동안 겪은 이야기를 의미 없이 늘어놓는 것보다 배움과 반성 속에서 자신의 삶을 빛나게 해야 한다.

아버지의 친구들은 될성싶은 나무는 떡잎부터 알아본다 듯이 어린 프랭클린을 보고 "학자가 될 아이"라며 칭찬했다고 한다. 아버지는 어린 그에게 설교집을 남기며, "넌 할아버지를 닮았다"고 말씀하셨는데 그의 할아버지는 다재다능했고, 사리 판단이 뛰어나 마을 사람들의 조언자이셨다.

프랭클린은 할아버지를 통해 그릇이 큰 사람에게는 작은 불평이 없음을 배웠다. 넓은 마음과 깊은 지혜는 세월을 넘어 혈통처럼 전해져 후손들에게도 자연스럽게 스며드는 법이다. 좋은 기질과 품성은 이렇게 대물림되며, 그것은 가문이 가진 가장 소중한 유산이 된다.

밥상머리에서 불평하지 않고, 음식을 정성껏 준비한 가족에게 감사의 인사를 앉은 자리에서 전하는 것.
이는 단순한 습관이 아니라 인성의 훈련이었다.
그래서 그는 음식을 남기지 않고, 늘 감사하는 마음으로 식사를 마쳤다.
그런 마음가짐은 평생 그의 인생을 빛냈으며 작은 습관이 모여 그의 인격을 만들었다. 또한 완벽한 습관은 자연스럽게 몸에 배어, 어느 상황에서도 실천할 수 있는 힘이 되었다.

프랭클린의 13가지 덕목은 필자가 가슴에 새긴 삶의 지도이다.

1. 절제 – 배부르지 않게 먹고, 취하지 않게 마셔라.
지나친 욕망은 몸과 마음을 흐린다.
절제는 곧 스스로를 지키는 첫 번째 방패다.
배가 부르기 전에 멈추는 지혜, 기분이 오르기 전에 멈추는 자제력이 한 사람의 품격을 만든다.

2. 침묵 – 유익한 말만 하고, 하찮은 말은 삼가라
말은 다리가 되기도 하고, 칼이 되기도 한다.
깊은 생각 없이 던진 말은 관계를 해치지만, 뜻깊은 한 마디는 사람의 마음을 움직인다. 말을 아끼는 사람은 지혜를 품고 산다.

3. 질서 – 모든 물건과 일에는 제자리가 있다.
혼란스러운 환경에서 집중은 싹트지 않는다.
작은 정리 습관 하나가 삶 전체의 질서를 세운다.

4. 결단 – 결심한 것은 행동으로 옮겨라.
생각만 하는 자는 늘 제자리다.
결단은 용기이며, 실행은 변화다.
오늘의 작은 실천이 내일의 큰 성취를 만든다.

5. 절약 － 나와 남에게 유익한 곳에만 돈을 쓰라
돈은 한 사람의 철학을 보여준다.
허영에 쓰는 돈은 사라지지만, 가치에 쓰는 돈은 자산이 된다.
6. 근면 － 시간을 허비하지 말고, 불필요한 것은 끊어라.
인생의 자원 중 가장 소중한 것은 시간이다.
시간을 지키는 사람만이 자기 삶을 지킨다.

7. 진실 － 남을 속이지 말라
진실함은 신뢰의 뿌리다.
속임수로 얻은 이득은 결국 자신을 해친다.

8. 정의 － 남에게 피해를 주지 말라
정의는 대단한 명분을 뜻하지 않는다.
작은 행동 하나에서도 타인을 배려하는 마음이 시작된다.

9. 중용 － 지나침을 피하고, 화가 나도 절제하라
감정은 다스릴 때 가치가 있어 격한 마음을 누르는 사람이 진정한 강자다.

10. 청결 － 몸과 의복, 생활 공간을 깨끗이 하라.

삶의 청결은 마음의 청결을 반영한다.
깔끔한 태도는 자신과 타인에 대한 예의다.

11. 평정 – 피할 수 없는 일 앞에서 침착함을 지켜라.
위기는 누구에게나 온다. 그러나 침착함은 혼란 속에서도 길을 보게 한다.

12. 순결 – 건강과 품위를 해치지 않는 절제된 관계를 유지하라. 쾌락에 흔들리지 않는 사람만이 품격과 건강을 지킬 수 있다.

13. 겸손 – 성인(聖人)을 본받아 겸손하라.
겸손은 그릇을 넓히는 힘이다.
자신을 낮출 때, 비로소 세상은 지혜를 채워 준다.

프랭클린이 보여준 길은 바로 인격이 곧 성공이라는 진리이다.
오늘을 사는 우리 역시 그의 13가지 덕을 실천해야 한다면, 우리의 운명도 바뀌고 인생도 달라질 것이다.

14. 행복으로 가는 가족

　가족은 인생의 울타리이자 행복의 근원이다. 가족이 없으면 외롭고, 외로움 속에서는 진정한 행복을 느낄 수 없다. 그래서 우리는 삶의 모든 순간에서 울타리가 되어 주는 가족을 필요로 한다.

사람은 태어나면서부터 누군가의 품 안에서 세상을 배우기 시작한다. 그 품이 따뜻하면 세상을 따뜻하게 보고, 차가우면 세상을 경계하며 살아간다. 가족은 인생의 첫 학교이자 평생의 스승이다. 행복을 얻는 법, 사랑을 나누는 방법, 서로를 이해하는 법까지 모두 가족 안에서 처음 배우게 된다.

가족은 완벽하기 때문에 소중한 것이 아니다. 때로는 상처를 주고 오해를 만들기도 하지만, 마지막 순간에는 서로를 안아주는 존재다. 세상이 등을 돌려도 기대 설 곳이 바로 가족이다. 누군가 잘못했을 때 함께 힘을 모아 난관을 극복하고, 잘한 일을 축하할 때 가장 먼저 기뻐하는 것도 가족이다. 혼자가 아니라 가족과 함께할 때 기쁨은 배가되고, 고통은 절반이 된다.

옛날에는 대가족이 흔했다. 조부모, 부모, 자녀, 사촌까지 한집에서 함께 살아가며 서로의 삶에 깊이 관여하고 사랑을 나누었다. 저녁이면 장독대 앞에서 들려오던 부모님의 이야기, 좁은 방에서 이불을 덮고 함께 자던 밤, 마루에 앉아 어른들이 들려주던 삶의 지혜는 소박하지만 마음을 따뜻하게 만들었다. 그 시절 아이들은 자연스럽게 가족의 정과 사랑을 배우며 성장했다.

하지만 세상이 변하며 핵가족화가 진행되었고, 최근에는 독신 가구도 늘어났다. 그로 인해 나타나는 사회적 문제 중 하나가 고독사다. 혼자 앓다가 한 달 혹은 1년 만에야 시체로 발견되는 사례를 보면, 외로움이 얼마나 무서운지를 알 수 있다. 외로움은 마음을 갉아먹고, 마음이 약해지면 몸도 무너진다. 가족이 있다는 것은 무너질 때 손 잡아줄 사람이 있다는 의미다.

건강하고 능력이 있을 때는 혼자서도 삶을 꾸려갈 수 있다. 하지만 나이가 들고 건강이 악화되면, 혼자 지내는 삶은 비참해질 수 있다. 평생 바쁘게 살아온 사람도 병실에 누우면 가장 먼저 떠오르는 얼굴은 부모, 배우자, 자식이다. 가족이 곁에 있다는 것, 그 자체가 큰 복임을 깨닫는다.

전쟁으로 인해 이산가족이 되었거나 오랜 세월 떨어져 있다가 간신히 만났을 때의 감정만 보더라도, 가족이 주는 행복과 울림은 이루 말할 수 없다. 30년, 40년, 50년 만에 만났을 때, 서로를 끌어안고 울던 그 순간의 눈물만 보더라도, 가족이야말로 인생에서 가장 큰 행복을 주는 존재임을 알 수 있다.

가족의 소중함은 잃고 나서야 깨닫는다. 전깃불이 꺼졌을 때 그 소중함을 깨닫듯, 부모와 형제, 자녀가 함께 있을 때는 가족의 중요성을 종종 잊는다. 그러나 사고, 병마, 군 복무 등으로 멀리 떨어지면 가장 먼저 그리워지는 존재 역시 가족이다. 가족은 공기와 같아, 있을 때는 모르지만 없으면 숨이 막힌다. 우리는 가족 속에서 태어나 한평생을 지내고, 마지막에는 가족과의 추억 속에서 행복을 완성한다.

사람은 정을 먹고 자란다. 정이 많은 가정에서 자란 아이는 사람을 믿고 마음을 열 줄 안다. 그런 아이는 세상 속에서도 따뜻함을 전하며 산다. 반대로 사랑을 받지 못한 아이는 인성이 메말라, 적을 쉽게 만들고, 배려심 없는 성격으로 자라기 쉽다. 그러나 사랑을 듬뿍 받고 자란 아이는 정이 많고 감정이 풍부하며, 기쁨에는 웃음을, 슬픔에는 눈물을 흘릴 줄 아는 따뜻한 인격으로 성장한다.

인간의 유통기한이 100년이라 해도 떼려야 뗄 수 없는 존재가 가족이다. 부모와 자식, 형제 사이의 관계는 변할 수 없는 천륜이다. 잘못으로 다툴 때 화가 나서 "너는 원수지, 자식이 아니다"라고 말할 수 있지만, 그 순간이 지나면 사랑이 마음을 다시 품는다. 가족은 단점을 고쳐주고, 가장 좋은 말을 해주는 존재다.

핵가족화가 진행되면서 가족 간 대화는 줄고, 소통이 사라졌다. "너는 너, 나는 나"처럼 각자 독립된 삶을 살게 되고, 가정에서 배우는 사랑과 정이 사라지면서 패륜적 사건이나 범죄로 이어지기도 한다. 밥상머리 교육이 없어지고, 감정 표현 연습이 줄어든 세상에서, 가족은 여전히 삶의 울타리이자 정서적 버팀목이다.

인간은 혼자서는 살아갈 수 없다는 사실을 나는 인생을 살면서 수없이 깨달았다. 아무리 독립적이고 성공적인 삶을 꿈꿔도, 결국 우리는 누군가와 함께할 때 삶의 참된 의미를 느낀다.

내 경험에서 가장 먼저 깨달은 것은 부부의 관계였다. 아내가 행복해야 가정이 편안하고, 남편 또한 진정한 행복을 누릴 수 있다. 나이가 들수록 이 진리는 더욱 뚜렷해진다. 나는 늘 아내의 행복이 나의 전부임을 행동으로 보여주려 노력했다. 가난한 사람이라도 좋은 아내를 얻는다면, 그 은혜와 사랑을 결코 잊어서는 안 된다. 나의 삶은 아내의 손길과 미소로 인해 더욱 풍성해졌으며, 능력 있는 남자라 해도 그 성공 뒤에는 아내의 헌신이 있었음을 인정해야 한다는 것을 깨달았다.

아내는 단순한 동반자가 아니다. 젊었을 땐 연인이며, 중년엔 삶의 동지, 노년에는 삶을 지켜주는 간호사이자 버팀목이다. 조강지처, 즉 어려울 때부터 고생을 함께한 아내의 가치는 돈이나 명예로 환산할 수 없다. 나는 늘 아내에게 감사했고, 그 감사는 가정의 화목으로 돌아왔다. 반대로 이혼이나 갈등 속에서 쌓이는 부정적인 감정은 삶을 고통으로 물들인다.

혼자가 아닌 삶의 중요성은 부부에만 국한되지 않는다. 자식, 친구, 멘토, 그리고 주변 사람들과의 관계도 마찬가지다. 아들은 자신의 가정을 꾸리며 독립하지만, 딸은 어머니에게 평생의 벗이다. 어려울 때 사귄 친구, 평생을 함께한 조강지처, 늘 배려와 이해를 베푼 사람들. 이런 사람들과의 관계는 인생의 버팀목이 된다. 착한 사람을 만나지 못하면 긴 세월도 불행으로 이어진다. 나는 이를 늘 마음에 새기며 살아왔다.

인생의 진정한 행복은 호화로운 집이나 부에서 오는 것이 아니다. 화목한 가정과 따뜻한 인간관계에서 나온다. 나는 오두막집이라도 웃음이 가득하다면, 화내고 다투는 궁전보다 더 값진 삶이라고 믿는다. 기쁨을 나누고 아낌없이 주는 사람에게는 더 큰 행복이 돌아오고, 남에게 악의를 품는 사람에게는 반드시 그 대가가 따른다는 것도 경험을 통해 알게 되었다.

사람을 대할 때 솔직함과 배려, 경청은 필수다. 나는 누군가의 말을 들을 때 내 생각만 앞세우지 않고 상대방을 이해하려 노력했다. 진심으로 대하면 사람들은 나에게 따뜻함을 느끼고, 이는 평생의 인맥과 신뢰로 이어졌다. 나는 이를 통해 인생의 풍요로움이 혼자서는 얻을 수 없는 것임을 다시 한 번 확인했다.

노년에는 이 진리가 더욱 뚜렷해진다. 나는 나이가 들

수록 한 발짝 뒤로 물러서서 관망하고, 욕심을 버리며, 남에게 베풀며 살아가는 것이 편안하게 늙는 길임을 배웠다. 평생의 반려자와 손을 맞잡고 여행하며, 맛있는 음식을 나누며, 함께 웃고 즐기는 것보다 더 큰 기쁨은 없다. 우리는 혼자서는 결코 완전할 수 없다는 것을 몸소 체험한다.

나이가 들면서 깨달은 또 하나의 사실은, 인생의 가치는 돈이나 권력에서 오는 것이 아니라 인간관계에서 비롯된다는 것이다. 나는 젊었을 때부터 주변 사람을 소중히 여겼고, 그 결과 지금의 삶이 풍성하게 채워졌다. 친구와 가족, 배우자와의 진실한 관계는 외롭지 않은 삶과 직결되며, 나의 경험 속에서 이보다 중요한 것은 없었다.

결국, 인생에서 가장 큰 지혜는 '혼자가 아니라 함께 살아가는 삶'에서 온다. 사람과 나누는 따뜻함, 서로 기대고 배려하는 마음, 그리고 삶의 모든 순간을 함께하는 동반자가 있을 때 우리는 진정한 행복을 느낀다. 인생은 혼자서는 결코 살 수 없으며, 함께할 때 비로소 완전해진다는 것을 나의 삶을 돌아보며 나는 확신한다.

15. 수명 120세 시대

　건강은 인생의 근본이다. 이 세상을 다 가진다 해도, 몸이 병들어 있다면 그것은 그림의 떡에 불과하다. 삶의 모든 기쁨과 성취는 결국 건강한 몸에서 비롯된다. 몸이 불편하지 않고 활력을 유지할 수 있는 비결은 다름아닌 섭생(攝生)에 달려 있다.

　성격이 까다로운 사람은 편식하기 쉽고, 편식은 결국 건강을 해친다. 건강은 단순히 음식의 문제가 아니라, 섭생과 성품이 빚어낸 결과라는 말이 있다. 사납고 급한 사자는 육식만 하므로 12년 남짓밖에 살지 못하지만, 느긋하고 온순한 거북은 해초만 먹고도 200년을 산다. 이 단순한 비교 속에는 성격과 섭생이 얼마나 건강에 큰 영향을 미치는지가 담겨 있다.

　올바른 식사는 건강의 첫걸음이다.
　버는 능력, 절약하는 능력, 투자하여 불리는 능력이 경제적 부를 만든다면, 올바른 식사는 건강의 부를 만든다. 냉장고는 음식을 신선하게 보관할 뿐, 유통기한을 연장해 주지 않는다. 따라서 냉장고를 맹신하기보다 신선하고 자연스러운 식재료를 균형 있게 섭취해야 한다.

천천히 오래 씹고, 음식에 감사하며 먹는 태도야말로 건강의 기본이다. 몸과 마음은 하나다. 마음이 병들면 아무리 좋은 음식도 약이 되지 않는다. 몸에 필요한 영양소를 골고루 섭취하고, 과도한 당과 기름, 인공첨가물을 줄이는 것이 핵심이다. 한 끼를 허겁지겁 먹는 것이 아니라, 천천히 씹으며 즐기는 식사는 소화뿐 아니라 정신 건강에도 큰 영향을 미친다. 신체가 필요로 하는 것과 입맛이 원하는 것이 다르다는 점을 이해해야 한다.

기쁨과 보람이 있는 사람은 면역력이 높고, 불평과 분노에 젖은 사람은 얼굴빛이 흐리고 병을 부른다. 성격이 밝은 사람은 같은 음식도 더 맛있게 먹는다. "마음에 좋은 것은 몸에도 좋고, 몸에 좋은 것은 마음에도 좋다." 이 단순한 진리가 건강의 본질이다.

건강의 3요소는 식사, 수면, 배설이다. 잘 먹고, 잘 자고, 잘 배설하는 것이 핵심이다. 배설은 단순히 대소변

만이 아니라, 몸속 독소를 내보내는 행위다. 현대인은 황사, 매연, 담배 연기, 화장품, 인쇄물 속 독성물질 등으로 인해 알게 모르게 독소를 쌓는다. 물을 충분히 마셔 소변과 땀으로 배출하는 습관이 무엇보다 중요하다.

건강을 잃는 대부분의 사람은 식사 시간이 불규칙하거나 섭생이 잘못된 사람들이다. 곡물과 채소 위주의 식단(85%)과 적절한 양의 단백질(15%)이 균형을 이룰 때 체중과 체력이 안정된다. 과체중은 단순한 외모의 문제가 아니라, 자기관리의 실패다. 군 장성 진급조차 체중관리 기준이 있다는 사실이 이를 잘 보여준다.
나이가 들수록 식습관은 고착된다. 따라서 젊을 때부터 바른 식습관과 생활 습관을 갖는 것이 무엇보다 중요하다. 건강하지 못하면 풍요로운 인생도, 행복한 일생도 기대하기 어렵다.

건강은 유전이 아니라 습관이다. 사람의 체질은 절반은 유전, 절반은 습관으로 결정된다. 좋은 습관은 세대를 넘어 DNA까지 바꿀 수 있다. 모유 수유로 자란 아이가 건강한 것은 자연의 이치이지만, 그 아이가 자라면서 나쁜 생활 습관을 들이면 금세 무너진다. 그러므로 DNA보다 강한 것은 습관이다. 건강한 습관은 자신뿐 아니라 후세의 건강까지 이어진다.

요즘 '성인병' 대신 '생활습관병'이라는 이름을 쓰는 것만 보아도 사람의 몸이 어떤 습관 속에서 만들어지고 무너지는지를 보여준다.

담배는 모세혈관을 수축시켜 혈액순환을 막고, 남성의 경우 발기부전까지 이어질 수 있다. 술과 담배는 몸 전체를 연결된 하나의 혈관 망으로 병들게 한다. 술과 담배를 가까이한 사람은 운동과 보약으로도 회복이 어렵다. 이는 수많은 인생의 교훈이다.

야식과 수면도 건강에 많은 영향을 미친다. 밤늦게 치맥으로 하루를 마무리하는 습관은 새벽 돌연사의 주범이다. 위 속의 음식물이 역류해 무호흡이 일어나고, 심장은 산소 부족으로 괴사한다. 그러므로 잠자기 4시간 전에는 반드시 위를 비워야 한다. 아이에게 잠자기 전 우유를 주는 것도 마찬가지로 해롭다.

물 역시 마찬가지다.
평소에는 물이 우리 몸에 이롭지만, 식사 직전이나 직후에 너무 많은 물을 마시면 소화기관이 제 역할을 하는데 방해가 되기도 한다.
젖소가 마신 물은 우유로 변하고, 독사가 마신 물은 독이 되는 것처럼 같은 물이라도 어떤 상태에서 마시느냐에 따라 몸속에서의 작용은 달라진다.
사람의 몸에는 눈에 보이지 않는 거대한 생태계가 있다. 그 중심에는 바로 장(腸)이다. 장은 단순한 소화기관이 아니라 면역, 감정, 호르몬, 생체리듬까지 관장하는 두 번째 뇌다. 장의 상태에 따라 마음이 달라지고, 마음에 따라 삶 전체가 달라진다.
장은 늘 우리에게 신호를 보낸다.
"지금은 쉬어라." "그만 먹어라." "천천히 살아라."
이 신호를 듣지 못하면 병은 소리 없이 쌓인다. 나는 그래서 매일 아침 따뜻한 물 한 컵과 함께 규칙적인 식사와 과식하지 않는 습관을 실천한다. 장은 정직하여 정성으로 돌보면 반드시 되돌려준다.

그러나 몸이 아무리 건강해도 사랑이 없는 삶은 메마르다. 사랑은 눈에 보이지 않지만 몸 깊은 곳에서 변화를 만든다. 사랑할 때 우리 몸속 세포는 춤을 추고, 가슴은 따뜻해지고, 면역은 강해진다.
가족의 미소 하나, 친구의 따뜻한 말 한마디, 진심 어린 감사의 인사. 이런 순간이 곧 약이고 영양이고 에너지다.
그래서 나는 매일 "오늘도 사랑하자. 오늘도 감사하자. 오늘도 웃자." 이 단순한 다짐이 하루를 밝힌다. 사랑할 때 우리는 젊어지고, 미워하면 늙는다. 이것이 삶의 진리다.

많은 사람은 나이가 들면 쉬고 싶어 한다. 하지만 나는 다르게 생각한다.
'일은 생명의 엔진이다.'
자전거가 멈추면 쓰러지듯 사람도 멈추면 늙는다. 정년을 맞은 이들이 갑자기 아프고 쇠약해지는 이유는 몸이 아니라 삶의 목적이 꺼졌기 때문이다. 일은 단순히 돈을 벌기 위한 활동이 아니라 삶과 연결되는 다리다.
봉사, 배움, 글쓰기, 사람을 돕는 일. 이 모든 것이 일을 계속하는 방식이다. 연세대 김형석 박사는 100세가 넘어서도 말했다. "시간을 헛되이 보내지 않는 사람이 건강하다." 나는 그 말에 전적으로 동의한다. 나이가 많아도 일을 하면 성취감이 생겨 기쁘기 때문이다.

모든 생명에는 유통기한이 있다. 그러나 수명을 앞당기느냐 늦추느냐는 스스로 선택할 수 있다. 쇠가 녹슬지 않게 기름을 바르듯, 사람도 자기관리를 통해 세월을 늦출 수 있다.
올바른 식습관, 사랑을 나누는 마음, 의미 있는 일을 계속하는 태도. 이 세 가지가 100세를 넘어 120세 시대의 열쇠라고 믿는다.

'구곡순담(九曲順潭)'은 우리나라의 대표적인 장수촌을 말할 때 자주 언급되는 이름이며 4개 군(구례, 곡성, 순창, 담양)이 장수 지역으로 묶여 있는 행정 협의체 이름이기도 하다.
이 네 지역은 지리산권과 섬진강 주변의 청정 자연환경을 지니고 있어 장수 인구가 많고, 장수복지 사업도 공동으로 진행된다.

맑은 물이 아홉 굽이를 돌며 흐르고, 그 물길을 따라 깊은 산과 숲이 감싸고 있는 곳이라 예로부터 물이 맑고 공기가 좋으며, 자연의 흐름이 거스름 없이 이어지는 지형이라 사람들이 오래 살고 건강하게 산다고 전해져 왔다.
구곡순담이라는 이름 안에는
"좋은 물, 너그러운 자연, 순한 기운이 이어지는 마을"이라는 의미도 담겨 있으며, 이러한 환경은 실제로 장수 마을들이 공통적으로 갖고 있는 특징이기도 하다.

맑은 물과 깨끗한 공기, 절제된 생활습관, 그리고 서로 도우며 살아가는 공동체 문화까지 더해지면 사람은 자연스럽게 마음이 편안해지고 몸도 오래 건강을 유지할 수 있다는 믿음이 자리한다.
그래서 '구곡순담'은 단순한 지명이 아니라

"자연과 조화롭게 사는 삶이 곧 장수로 이어진다"는 우리 선조들의 지혜를 상징하는 말이라고 할 수 있다.

구곡순담 100세 노인들의 잔치

행복은 멀리 있는 것이 아니다. 자연을 거스르지 않고 마음을 고요히 다스리며 하루하루 감사하는 마음으로 사는 것. 그곳에 진정한 장수가 있다. 나는 여전히 배우고 싶고, 사랑하고 싶고, 새로운 세상을 보고 싶다. 이 마음이 나이를 잊게 한다. 세월이 몸을 늙게 할 수 있어도 마음을 늙게 할 수는 없다.

세상은 빠르게 변한다. 의학은 발전하고 수명은 늘어나지만, 건강의 본질은 예나 지금이나 같다. 자연을 따르고, 마음을 다스리고, 오늘을 성실히 살며, 조용히 자신의 향기를 내는 것. 이 단순한 진리 속에서 진정한 장수와 건강이 비롯된다.
그러나 그 꿈은 하루아침에 이루어지지 않는다.

매일의 작은 선택, 하루하루 바르게 채운 삶의 결과다. 나는 이제 늙어가는 것을 두려워하지 않는다. 오히려 기대한다. 남은 날은 단순한 숫자가 아니다. 내가 어떻게 살아낼 것인가, 어떤 마음과 자세로 하루를 보낼 것인가가 가장 중요한 문제다.

삶의 끝까지 나는 배우고, 사랑하고, 감사하며 살 것이다. 몸과 마음을 지키는 습관, 사랑을 나누는 태도, 의미 있는 일을 지속하는 자세… 이 모든 것이 나의 건강이자 행복이며, 남은 시간을 더욱 빛나게 하는 힘이다. 나는 오늘 최선을 다해 살며, 내일을 기대한다. 그리고 이 삶의 방식이, 내가 세상에 남기고 싶은 진정한 유산이라고 믿는다.

16. 물의 중요성 (물, 생명의 근원)

 물은 생명이다. 나는 30년째 '물'에 관해 연구해 왔다. 물은 단순한 음료가 아니라, 생명의 근원이며 인간 건강과 삶의 근본이다. 우리가 살아가는 동안 물은 항상 우리 몸속에서 움직이며, 세포와 장기, 조직을 건강하게 유지하는 중요한 역할을 한다.

인간 몸의 약 70%가 수분으로 이루어져 있다는 사실은, 물의 중요성을 명확히 보여 준다.
물속에서 세포는 영양분을 흡수하고, 동시에 노폐물을 배출한다. 또한 물은 체온을 조절하고, 면역 체계를 유지하는 핵심 요소이기도 하다. 물이 부족하면 신체의 대사 기능이 떨어지고, 장기와 조직의 손상으로 이어지며, 피로감과 집중력 저하, 소화불량 등 일상적인 문제까지 발생한다.

과학 연구에 따르면, 성인 남성은 하루 약 2.5리터, 여성은 약 2리터 정도의 수분을 섭취해야 한다. 이는 음식으로 섭취하는 수분까지 포함한 수치다(Institute of Medicine, 2004). 충분한 수분 섭취는 체내 독소 배출, 혈액 순환, 체온 조절뿐만 아니라 피부 건강과 정신적 활력에도 긍정적인 영향을 준다. 실제로 물을 꾸준히 마신 사람들은 피로 회복 속도가 빠르고, 피부 탄력과 수분 유지 능력이 향상되는 것으로 보고되었다.

물은 우리에게 없어서는 안 될 중요한 존재이다.
무서운 산불을 진화하고, 농업용수로 쓰이며, 우리 생활 곳곳에서 반드시 필요한 역할을 한다. 하지만 화가 나면 폭풍우가 되어 바다를 뒤엎고 강둑을 무너뜨려 도시를 집어삼켜 물바다로 만들기도 한다.
그러다가도 화가 가라앉으면 물은 언제 그랬냐는 듯 위에서 아래로 자연스럽게 흐른다.
둥근 그릇에 담기면 둥글게 되고, 네모난 그릇에 담기면 네모나게 순종한다. 이렇듯 물은 천의 얼굴을 가진 존재이며, 우리 삶 속에서 고마움을 잊어서는 안 될 소중한 동반자이다.

물은 단순히 갈증을 해소하는 것을 넘어, 삶을 유지하고 건강을 지키는 핵심 수단이다. 평생 물을 연구하며 나는 깨달았다. 물 한 잔의 의미는 단순한 액체 그 이상이며, 인간의 몸과 마음, 나아가 삶의 질을 결정하는 요소라는 것이다.

물에도 마시는 시간과 방법이 중요하다. 아무렇게나, 혹은 많이 마시는 것이 건강에 항상 좋은 것은 아니다. 나는 평생의 연구를 통해 적절한 시기와 양, 온도를 지키는 것이 얼마나 중요한지 깨달았다. 이에 따라 나는 다음과 같은 습관을 권장한다.

식사 1시간 전: 위액이 희석되지 않도록 한 컵 정도 마신다. 식사 직전에 물을 많이 마시면 소화 효소가 희석되어 음식물 소화가 더뎌질 수 있다.

식사 중·직후는 피하기: 위액 희석으로 소화력이 떨어지고, 위장 부담이 늘어난다.

아침 기상 직후, 점심·저녁 식사 1시간 전, 낮 동안 조금씩 나누어 마시기: 하루 종일 조금씩 수분을 공급하면 체내 항상성을 유지하고, 피로를 예방할 수 있다.

또한, 찬물보다는 미지근한 물을 마시는 것이 좋다. 연구에 따르면 체온에 가까운 물은 위장에 부담을 주지 않고, 혈액 순환과 면역력을 향상시키는 효과가 있다. 실제로 체온을 적정 수준으로 유지하면 면역세포 활동이 약 30~35% 증가한다는 보고도 있다(University of Tokyo, 2018). 따뜻한 물 한 잔은 몸을 깨우고 면역 체계를 활성화하는 작은 습관이지만, 평생 건강을 지키는 첫걸음이 된다.

세계 각국에는 '블루존(Blue Zone)'이라 불리는 장수촌이 있다. 코스타리카 니코야, 일본 오키나와, 이탈리아 사르데냐 등은 세계적으로 장수율이 높은 지역으로 유명하다. 이 지역 사람들은 공통적으로 신선한 자연수를 꾸준히 마셨다. 단순한 생수나 정수기가 아닌, 산속에서 자연스럽게 흐르는 샘물, 지하수, 약수 등 미네랄이 풍부한 물을 섭취한 것이 특징이다.

니코야 반도, 코스타리카: 석회질과 칼슘이 풍부한 지하수를 마셨다. 칼슘은 뼈 건강과 골다공증 예방에 도움을 주며, 석회질 성분은 혈관 건강을 지켜 심혈관 질환 발생률을 낮춘다.

오키나와, 일본: 산속 약수와 해양 미네랄이 포함된 물을 섭취했다. 이 물에는 칼륨, 마그네슘, 미네랄 등이 풍부해 신체 전반의 대사 기능을 돕는다.

사르데냐, 이탈리아: 산속 샘물과 낮은 나트륨 함량의 물을 마셨다. 나트륨이 적은 물은 고혈압 예방에 유리하며, 장기적으로 심혈관계 건강에 긍정적인 영향을 준다.

연구자들은 이러한 장수촌의 물속 미네랄 조성이 심혈관 질환, 골다공증, 대사증후군 예방과 밀접한 관련이 있다고 분석했다(Holick et al, 2015). 장수촌 주민들은 단순히 오래 사는 것에 그치지 않고, 질병 없이 건강하게 노년을 보내는 경우가 많았다. 이는 물의 질이 장수와 건강을 결정짓는 중요한 요인임을 보여준다.

또한, 장수촌 사람들은 물을 마시는 것뿐 아니라, 하루 일과 속에서 자연과 가까운 생활을 유지했다. 산책, 가벼운 육체활동, 신선한 음식 섭취와 함께 규칙적으로 미네랄이 풍부한 물을 섭취한 것이다. 이러한 생활습관은 물 섭취와 건강의 상관관계를 명확히 보여주며, 현대인들에게도 많은 시사점을 준다.

결국, 장수촌 사례는 단순히 '오래 산다'는 것을 넘어, 어떤 물을, 어떻게, 언제 마시는지가 건강과 장수에 직결된다는 사실을 입증한다. 자연 그대로의 깨끗한 물과 올바른 생활습관이 결합될 때, 비로소 인간은 장수와 건강을 동시에 누릴 수 있다는 것이 이 지역 연구의 핵심 결론이다.

물은 인간의 몸속에서 다양한 생리학적 기능을 수행하며, 생명을 유지하는 데 필수적이다. 단순히 목을 적시는 음료가 아니라, 우리 몸 전체의 기능을 원활하게 하는 보이지 않는 기반이라고 할 수 있다.

혈액 순환: 혈액의 약 90% 이상이 수분으로 구성되어 있어, 영양분과 산소를 온몸 구석구석으로 운반한다. 충분한 수분이 없으면 혈액 점도가 높아지고, 세포와 장기에 산소 공급이 늦어져 피로와 집중력 저하가 발생한다.

체온 조절: 물은 땀과 호흡을 통해 체온을 유지한다. 더운 날 땀으로 체온을 발산하는 것도, 찬 날 호흡으로 열을 보존하는 것도 모두 체내 수분 덕분이다.

배설 기능: 소변, 땀, 대변 등을 통한 노폐물 배출에 물은 필수적이다. 수분이 부족하면 독소가 체내에 쌓여 신장, 간, 장 기능에 부담을 준다.

세포 기능 유지: 세포 내·외 수분 균형을 조절하며, 세포가 정상적으로 에너지를 생산하고 기능할 수 있도록 돕는다. 수분 부족은 세포 대사를 느리게 하고, 면역 세포 활동에도 부정적 영향을 미친다.

만약 물 섭취가 부족하면, 단순한 갈증을 넘어 다양한 문제가 발생한다. 피로, 두통, 소화 불량, 피부 건조, 면역력 저하가 대표적이며, 심하면 신장 결석, 심혈관계 질환, 뇌졸중 같은 심각한 건강 문제로 이어질 수 있다. 연구에 따르면, 하루 적절한 수분 섭취를 유지한 사람은 체내 대사 기능이 원활하고, 피로 회복 속도가 빠르며, 피부와 소화기관 건강이 개선된다고 한다.

즉, 물은 단순히 생명을 유지하는 수단을 넘어, 건강과 장수, 삶의 질을 좌우하는 근본적 요소다. 필자는 평생 물을 연구하며, 몸속에서 일어나는 이러한 생리학적 현상을 이해할수록, 물 한 컵의 소중함과 그 중요성을 더욱 절실히 느꼈다.

현대 사회에서 물의 질과 섭취량은 여전히 큰 문제다. 정수기와 생수 사용이 증가했음에도 불구하고, 많은 사람이 하루 권장량보다 적게 물을 마시며, 물의 중요성을 충분히 인식하지 못하고 있다. 이는 단순히 건강 문제를 넘어, 삶의 질과 장수에도 영향을 미친다.
더 심각한 문제는 세계 곳곳에서 여전히 안전한 물을 구하기 어려운 환경이다.
아프리카 일부 지역: 어린이들이 먼 거리에서 흙탕물을 길어 마셔야 한다. 이 물에는 세균과 기생충이 섞여 있어, 콜레라, 이질, 장티푸스 등 수인성 질환 발생 위험이 높다.
인도 일부 지역: 수질 오염으로 인해 질병 발생률이 높다. 깨끗한 물을 확보하지 못하면, 단순한 탈수뿐만 아니라 장기적 건강에도 심각한 영향을 준다.

이런 현실을 보면, 단순히 물을 마시는 행위 이상의 사회적 가치와 책임이 생긴다. 단 한 잔의 깨끗한 물이 사람의 생명을 구하고, 삶의 질을 바꿀 수 있다는 사실은 놀랍고도 절실하다. 실제로 국제 인도주의 단체들은 "물 한 모금으로 어린 생명을 살릴 수 있다"는 메시지를 강조하며, 전 세계적으로 깨끗한 물 공급을 지원하고 있다.

필자는 물의 중요성을 과학적 관점과 인류적 관점에서 동시에 깨달았다. 물은 단순히 몸의 기능을 유지하는 것에 그치지 않고, 건강, 교육, 사회, 경제까지 연결되는 근본적 자원이다. 현대인들은 편리함 속에서 물을 당연하게 여기지만, 실제로 물이 부족하거나 오염된 환경에서는 생존 자체가 위협받는다.
따라서 깨끗한 물 확보와 올바른 섭취 습관은 단순한 개인의 건강 관리가 아니라, 사회적, 인류적 과제이기도 하다. 나는 이러한 현실을 매 순간 떠올리며, 가능한 한 많은 사람이 안전한 물을 마실 수 있도록 연구와 사회적 활동을 이어왔다.

건강한 삶을 유지하기 위해서는 물을 올바르게 섭취하는 것과 함께 생활습관을 지키는 것이 중요하다. 단순히 물만 많이 마신다고 해서 건강이 보장되는 것은 아니며, 몸과 마음의 균형이 함께 필요하다. 필자는 다음과 같은 기본적인 습관을 권장한다.

1. 규칙적 수면: 밤 10시에 잠자리에 들고 아침 6시에 일어나 하루를 시작한다. 규칙적인 수면은 호르몬 분비를 안정시키고, 체내 수분 균형 유지에도 도움을 준다.

2. 적절한 운동: 가벼운 산책, 스트레칭, 근력 운동 등은 혈액 순환과 체온 유지에 도움을 준다. 체온이 안정적으로 유지되면 면역력도 자연스럽게 향상된다.

3. 따뜻한 음식과 물 섭취: 체온에 가까운 따뜻한 물과 음식을 섭취하면 소화가 원활해지고, 면역 체계가 강화된다. 하루 시작 시 물 한 컵은 몸 속 순환과 배설을 활성화하며, 장기와 세포 기능을 깨우는 신호가 된다.

이처럼 물과 생활습관은 단절될 수 없는 관계다. 물 한 컵의 선택과 작은 습관 하나가, 하루 전체의 건강과 활력을 결정한다는 사실은 내가 평생 연구하며 깨달은 진리 중 하나다.

물의 적정 섭취량은 소변 색으로 확인할 수 있다. 소변이 진하면 수분이 부족한 상태이고, 투명하면 과잉 수분 상태다. 가장 건강한 방법은 갈증이 느껴지기 전에 조금씩 자주 마시는 것이다. 이렇게 하면 체내 수분 균형이 유지되고, 혈액순환과 배설 기능도 원활하게 작동한다.

물 섭취와 배설은 인간 건강의 중요한 지표다. 하루 적절한 수분 섭취는 소화 기능을 원활하게 하고, 독소 배출을 돕는다. 변의 색, 냄새, 상태는 장, 간, 췌장 등 내장 기관의 건강 상태를 반영한다.
변이 지나치게 가늘거나 이상 색을 띠면, 조기 검진이 필요하다. 대장암, 장염, 췌장 문제 등 심각한 질환의 경고 신호일 수 있기 때문이다.
각국 정상들이 해외 순방 시 변 샘플을 분석하는 이유도 바로 여기에 있다. 정상적인 배설은 단순한 생리적 행위가 아니라, 건강 상태를 관찰하고 관리하는 중요한 도구임을 보여준다.

규칙적인 물 섭취는 배설 기능을 정상화하고, 변비, 대장암 등 소화기 질환 예방에도 도움을 준다. 물 한 잔이 장기와 세포를 깨우고, 몸속 순환과 배설을 활성화한다는 사실은 평생 연구하며 내가 가장 강조해온 건강 원리 중 하나다.

내 어린 시절, 산속 옹달샘에서 물을 마시던 기억은 지금도 선명하다. 시원하게 손에 받은 물, 목을 타고 내려가는 감촉, 햇빛에 반짝이는 물결, 그 모든 경험은 내 삶과 연구의 원천이 되었다.

물은 단순한 음료를 넘어, 삶, 건강, 장수, 철학과 연결된다. 깨끗하고 신선한 물을 마시는 것은 자기 건강을 지키는 일이자, 사회와 자연을 존중하는 삶의 방식이기도 하다.

나는 물 한 방울의 소중함을 알게 된 순간부터, 인류 건강과 환경, 생명 존중이라는 가치를 삶의 철학으로 삼았다. 물이 우리 삶과 이렇게 밀접하게 연결되어 있다는 사실은, 연구자로서뿐 아니라 한 인간으로서도 깊은 깨달음을 준다.

물은 인간 삶의 근간이며, 한 모금의 가치는 단순한 갈증 해소를 넘어 생명과 건강을 지키는 힘이다. 하루 약 2리터 정도를 조금씩 나누어 마시고, 깨끗한 물을 확보하는 일은 인간 생존의 기본이다.

장수촌의 사례, 과학적 연구 결과, 현대인의 생활 습관과 건강, 전 세계 수인성 질환 사례를 모두 살펴보면, 물의 가치는 그 어느 것과도 비교할 수 없다. 물은 건강, 장수, 철학, 사회적 책임까지 연결되는 근본적 요소다.

나는 앞으로도 물의 중요성을 알리고, 깨끗한 물의 연구와 보급에 힘쓸 것이다. 물 한 방울이 지닌 소중함을 깊이 이해할 때, 사람은 단순히 갈증을 해소하는 차원을 넘어, 자연과 생명, 그리고 삶 자체를 더욱 섬세하게 이해하고 존중하게 된다. 이 작은 한 방울의 물이야말로, 우리 존재와 건강, 그리고 세상과 연결된 모든 것의 근원임을 나는 평생 잊지 않을 것이다.

수소 미전수

17. 곱게 익어가려면

좀 더 일찍 알았더라면 더 잘 살 수 있었을 터인데, 지금도 늦지 않았다. 사실, '늦었다'고 생각하는 그 순간이 바로 이른 때이기도 하다. 지금 60세라면, 앞으로 남은 생애도 여전히 60년이 남아 있기 때문이다. 세월의 흐름은 늘 빠르게 느껴지지만, 삶의 가능성은 그 어떤 나이에도 사라지지 않는다.

청소년 시절, 대부분의 청소년들은 미래에 대한 꿈을 꾸기 시작한다. 그때의 그들은 아직 작은 키와 서툰 몸짓을 가진 아이들이지만, 마음만은 거대한 세상으로 향해 있다. 길을 걷다가 우연히 마주친 장면 하나가, 그들의 마음을 사로잡곤 한다.

처음으로 마음을 사로잡는 것은 군복을 입은 육군 장군의 위풍당당한 모습이다. 반짝이는 별이 달린 정복을 입은 장군을 바라보며, 많은 청소년은 깊은 감탄을 금치 못한다. 가슴 속 깊이, '나도 크면 저 장군처럼 될 거야'라는 결심이 생기기도 한다. 그 결심은 단순한 장난이나 상상이 아니라, 마음속에 뿌리내린 첫 번째 야망이 된다.

또 다른 장면에서는 무대 위에서 머리를 단정히 하고 차려입은 배우들이 춤을 추고 노래하는 모습을 본다. 텔레비전 연속극 속 주인공이 화려한 조명을 받으며 연기하는 모습을 보며, 청소년들은 마음속으로 다짐한다. '나도 크면 저 무대 위의 배우처럼 사람들에게 감동을 주는 연예인이 될 거야.' 꿈은 단순히 직업에 대한 희망을 넘어, 자신을 세상에 표현하고 싶은 열망으로 이어진다.

그러나 꿈은 화려함만을 좇는 것이 아니다. 어느 여름날, 한 소년이 거리에서 그림을 그리고 있는 화가의 모습을 우연히 본다. 쨍쨍 내리쬐는 한여름 햇볕 속에서도 화가는 눈 내리는 설경을 상상하며 붓을 움직인다. 마치 현실 속에서 눈이 내리고 있는 듯한 착각을 일으킬 만큼 생생한 그림이다. 그 장면은 소년의 눈에 생기를 불어넣고, 입술을 굳게 다물게 하며, 두 주먹을 불끈 쥐게 만든다.

그 자리에서 많은 청소년은 결심한다. '나도 크면 저 화가처럼 멋진 화가가 되겠다.' 그때의 감동은 인생의 방향을 바꾸는 계기가 되고, 열정의 불씨가 된다. 눈앞에 펼쳐진 그림 한 장은 단순한 예술 작품이 아니라, 삶의 목표가 되고, 열정을 불러일으킨다.

세월이 흘러 알게 된다. 그 화가는 다름 아닌, 지금으로부터 50년 전에 이미 세상을 떠난 프랑스의 유명한 화가, 피카소였다. 그의 그림을 처음 본 순간, 청소년들은 예술과 꿈의 위대함을 깨닫게 되고, 어린 시절의 작은 결심이 얼마나 큰 힘이 될 수 있는지를 느낀다.

돌이켜보면, 청소년 시절의 많은 아이는 수많은 꿈을 마음속에 담는다. 장군이 되겠다는 결심, 연예인이 되겠다는 열망, 화가가 되겠다는 다짐. 모두가 현실과는 거리가 멀어 보이지만, 그때의 순수한 열정과 결심이 이후의 삶에 큰 영향을 미친다.

'좀 더 일찍 알았더라면' 하고 후회할 수도 있다. 그러나 중요한 것은 지금 이 순간도 여전히 꿈을 꾸고, 결심하고, 행동할 수 있다는 사실이다. 늦었다고 느낄 때가 오히려 시작할 적기임을 알 수 있다.

청소년 시절의 꿈과 결심은, 오늘날에도 사람들의 삶을

움직이는 원동력이 된다. 그때의 눈빛과 두 주먹의 불끈함은, 나이가 들고 세월이 흘러도 여전히 마음 속 깊이 남아, 인생의 길을 밝히는 등불이 된다.

사람은 변화 없이는 신선함을 잃는다.
정체된 물이 시간이 지나면 탁해지듯,
인간도 변화를 두려워하면 낡아질 수밖에 없다.
나는 인생을 살아오며 깨달았다.
인간의 능력은 무한하지만 이 무한한 능력이란,
그저 누구에게나 주어진 선물이 아니라 그 능력을 필요로 하는 사람만이 잡을 수 있는 것이다.

사업에 실패했다고 망연자실해 주저앉는 사람은 그 자리에서 끝이 난다.
절망과 고난만이 남을 뿐이다.
그러나 어떤 상황에서도 "해결책은 백만 가지나 존재한다"는 이치를 아는 사람은 오뚜기처럼 다시 일어난다.

그 차이는 어디서 오는가?
생각 근육 즉 생각의 습관에서 온다.
생각이 바뀌면 행동이 바뀌고,
행동이 바뀌면 습관이 바뀌며,
습관이 바뀌면 인격이 바뀌고,

인격이 바뀌면 운명이 바뀐다.
나는 이것을 평생 경험으로 깨달았다.

세상이 무너진 듯한 순간, 사람은 누구나 바닥에서 시작해야 할 때가 있다.
그중에서도, 젊은 미망인이 된다는 것은 삶의 무게를 한 번에 짊어지는 것과 같다.
어린 자식을 남겨두고 남편이 떠났을 때, 그녀는 말 그대로 눈앞이 캄캄해진다.
미망인이란, 홀로 남겨졌으나 따라 죽지 못한 여인이다.
삶과 죽음의 경계에서 극심한 불안과 고독을 견뎌야 한다.

하지만 같은 처지였던 선배에게서 조언을 들은 젊은 미망인은 눈앞의 일부터 차근차근 헤쳐나가다 보면 살 사람은 어떻게든 살게 되어 있다고, 너무 불안해하지 말라는 말을 들었다.
그 말을 듣는 순간 숨을 돌릴 수 있었다.
작은 말 한마디가 가슴속 탁한 안개를 걷어내고, 희망의 빛을 비춰준 것이다.

사람은 힘들고 지쳐 있을 때, 마음에 남는 한 문장을 만나면 정신이 번쩍 들고 다시 일어설 힘을 얻는다.

갈림길에서 나를 지탱해 준 말은 평생 잊히지 않는다.
내 마음속 버팀목이 되어, 가슴을 뜨겁게 하고 눈시울을 적신다.
그런 말은 내 인생의 좌우명이 되어, 고난 속에서도 길은 열린다.
인생은 결코 순탄할 수만 없다.
누구나 평탄한 길을 걷고 싶어 하지만, 현실은 종종 비바람이 몰아치며 우리를 시험한다.
그러나 시련 속에서 사람은 단단해지고, 지혜를 얻는다.

유대인들은 천 년 동안 세계를 떠돌며 수많은 핍박을 받았다.
그럼에도 꺾이지 않았고, 오히려 세계 곳곳에서 영향력 있는 민족으로 자리 잡았다.
고난 속에서도 배울 점이 있는 사람들이다.
내 마음 속에 깊이 남아 있는 소년의 이야기가 있다.
그 소년은 어린 시절, 부모를 독일 나치에게 잃었다.
본인 또한 총살 직전 수용소에서 탈출하여, 며칠 동안 숨 돌릴 틈 없이 달려 국경을 넘었다.
그리고 한 부부에게 구조되어 기적처럼 살아났다.
미국에 도착했을 때 그는 가진 것이 없었다.
그러나 일을 목숨처럼 하겠다.라는 하나의 다짐을 품었다.

호텔 보이로 일을 시작한 그는 남들보다 먼저 출근하고 더 늦게 퇴근하며 일에 몰두했다.
결국 그는 호텔 지배인이 되었고, 마침내 호텔의 주인이 되었다.
시련과 고난을 이겨낸 끝에 그는 7성급 호텔을 다섯 개나 소유한 자가 되었다.

그의 성공 비결은 간단하다.
1. 용기를 갖고 일에 미치기
2. 열정을 불태우기
3. 신념을 잃지 않기

생산자가 판매 노하우까지 가진다면 기업은 강해진다.
사업가는 외로운 길을 걸어야 한다.
그러나 외로움과 가시밭길을 견디는 사람만이 무한한 가능성을 손에 넣는다.
변화하지 않으면 살아남을 수 없다.
그 소년이 변화했듯이, 사람 또한 변화해야 성장한다.
백 년, 이백 년을 이어온 점방들이 지금도 살아 있는 이유는 시대에 맞게 변화해 왔기 때문이다.

변화는 힘만으로도, 생각만으로도 이루어지지 않는다.
세상의 흐름을 읽고, 변화의 물결에 올라타야 한다.

"지금도 괜찮다"라고 생각하는 순간, 이미 늦은 것이다.
그때 필요한 것은 새로운 디자인, 새로운 색, 새로운 기능이다.
기업의 변화도, 사람의 성장도 멈춰서는 안 된다.
변화는 생존의 조건이다.
그러나 시대 흐름을 읽지 못한 변화는 자멸로 이어진다.

농구의 피벗처럼 한 발은 단단히 딛고, 다른 한 발로 방향을 바꿔야 한다.
변화가 극심해 보여도, 근본이 흔들리지 않는 이유는 그 한 발 덕분이다.
적어도 한 번 이상 비웃음을 듣지 않은 아이디어는 진정한 창의라고 할 수 없다.
비웃음을 듣지 않았다면 도전하지 않은 것이며, 도전이 없다면 변화도 없다.

사람에 차이는 그리 크지도 않다.
그러나 나쁜 습관의 차이는 성공과 실패로 크게 벌어진다.
성공하지 못하는 사람들은 뭐든지 미루고 질질 끄는 습관 때문이다.
옛날 농촌에서도 가난한 집 가장들은 늘 게으른 게 공

통점이었다.
인생에서 크게 성공할 사람도, 게으르고 질질 끌며 내일로 미루기 때문에 실패했다.

그런 습관을 고치기 위해서는 높은 산을 각자 오르려 하지 말고, 마을 뒷동산을 오르듯 차근차근 습관을 바꾸어 나가야 한다.
지구에서 우주까지의 거리는 고작 100킬로미터 남짓이지만, 우리는 그것을 상상조차 할 수 없는 먼 세계로 느낀다. 성공한 재벌과 우리 사이의 간격도 이와 같다. 실제로는 종이 한 장 차이에 불과하지만, 마음속에서는 넘을 수 없는 거리처럼 느껴질 뿐이다.
멈추지 않고 성공으로 가는 습관을 차근차근 실천에 옮긴다면, 누구나 성공할 수 있다.

우리는 태어날 때 울며 세상에 나오지만, 주변 사람들은 기쁨에 웃는다.
그러나 죽음을 맞이할 때는, 우리가 평안히 웃고 있어도 주변 사람들은 눈물짓는다.
성공한 사람은 바로 이런 인생을 살며 이런 인생이야말로 잘 산 인생이다.

만약 죽었는데도 그를 위해 울어주는 사람이 없다면,

그 사람은 인생을 제대로 살지 못했거나, 헛되이 살아온 것이다.
그렇다면 어떻게 해야 마지막 순간 웃으며 죽을 수 있을까?
모든 노인에게 설문 조사를 통해 밝혀진 바에 의하면, 대답은 다양하지만 85% 이상이 나이 핑계로 깨닫지 못하고, 인생을 낭비한 것을 후회한다고 했다.

필자의 생산공장에서도 제품의 변화는 끊임없이 일어난다.
물병 디자인 하나, 정수기 구조 하나가 바뀔 때마다 반드시 뒤따르는 것이 있다.
바로 금형(틀)의 변경이다.
제품 하나가 진화할 때마다 새로운 금형이 필요하다 보니, 공장 한쪽에는 지나간 금형들이 산처럼 쌓였다.
그 금형들에 투자한 비용만 계산해도 이미 천문학적 금액에 이른다.

한눈에 보면 철 덩어리에 불과하지만 그 속에는 시도와 실패, 연구와 투자, 그리고 치열했던 시간들이 켜켜이 박혀 있다.
그것은 필자의 기업 성장의 흔적이자, 한 사업가가 지나온 길의 증거다.

사업이란 늘 평지풍파가 거듭된다.
위기의 순간을 당황하지 않고 냉정하게 넘길 수 있는 것은, 수많은 난관을 이미 통과했기 때문이다.
마음에 여유가 있으면 자신감이 생긴다.

마음에 여유가 있는 오너는 아랫사람의 실수에도 고압적이기보다는 너그럽다.
반대로, 대기업의 오너라고 해도 그릇이 소주잔만 하다면 행동은 늘 소심하고 조심스럽다.
반면, 중소기업의 오너일지라도 그릇이 드럼통만 하다면 태도는 크고 따뜻하며, 사람들을 포용한다.
결국, 사람을 대하는 태도의 차이는 규모에서 비롯되는 것이 아니라, 그릇의 크기에서 비롯된다.

사업을 하다 보면 정해진 기일에 도저히 납기일을 맞추지 못할 때가 있다. 그럴 때 심장이 조여드는 경험을 필자도 수도 없이 했다.
그러나 경험이 쌓이면 마음의 근육이 단단해지고, 위기 앞에서도 여유를 잃지 않게 된다.
반대로 경험이 부족하면 마음은 갈팡질팡하고, 불안에 쉽게 흔들린다. 대처 능력은 나이와는 상관이 없이 결국 위기를 헤쳐 나가는 힘은 경험과 그릇의 크기에서 비롯된다.

축적된 경험은 사업가에게 가장 큰 자산이며 그 경험은 위기를 넘어설 수 있는 보이지 않는 메뉴얼을 만든다.

회사의 창립기념일 행사 때 있었던 일이다.
행사를 맡았던 직원이 실수로 답례용 선물 배송을 놓쳐버렸다.
노련한 직원이었다면 즉시 대용품을 준비했겠지만, 경험이 부족한 직원은 당황할 수밖에 없었다.
행사 중에 받는 선물과 행사가 끝나고 뒤늦게 받는 선물은 느낌이 천지 차이다.
그러나 실수를 경험한 자는 다시는 같은 실수를 하지 않는다.
다음부터는 발로 뛰며 직접 확인하고, 다시 점검하며, 만약을 대비해 대안을 준비한다.
이렇게 경험은 사람을 단단하게 만들고, 위기 앞에서도 흔들리지 않게 한다.
작은 실수 하나도 시간이 지나면 기업을 성장시키는 큰 자산이 된다.

행사를 주관할 때, 유능한 인재에게 맡기면 그 치밀함이 남다르다.
예를 들어 예약된 유명 연예인이 부득이한 사정으로 참석하지 못할 상황에 대비해 미리 마술사를 섭외해 두는 사람.
이런 사람이 진정한 실무형 인재이다.
그러나 아무리 유능한 인재라 해도, 오랜 경험에서 오는 노련함에는 미치지 못한다.
세월 속에서 쌓인 경험은 책으로 배울 수 없는 실전의 자산이다.

사업의 길에는 늘 위험과 기회가 공존한다.
변화는 비용을 부르지만, 그 비용 속에 성장이 있다.
그리고 위기에서 도망치지 않고 마주할 때, 사업가는 한 번 더 단단해진다.
그릇은 하루아침에 커지지 않는다.
실수 속에서 배우고, 위기 속에서 성장하며, 사람을 대하는 태도 속에서 완성된다.

사람은 일을 해야 한다.
스스로 살아가는 방법은 일 밖에는 없다.
일을 할 수 있다는 것 자체가 큰 즐거움이며 축복이다.
그런데 일을 할 수 있음에도 하지 않는다면, 그것은 스스로 인생을 낭비하는 것이다.

필자가 강의할 때 자주 인용하는 이야기가 있다.
같은 주차관리 업무를 해도 태도에 따라 세상은 달라진

다.
어떤 이는 그저 월급만 나오면 된다는 생각으로, 의무적이고 무표정하게 하루를 흘려보낸다.
반면 또 다른 한 사람은 늘 미소로 고객을 맞고 활기차게 움직인다.
만차일 때에도 단순히 표지판만 세워두지 않는다.
일일이 차량을 세우고, 고개를 숙이며 "죄송합니다, 죄송합니다" 정중히 인사한다.

그 정성은 사람의 마음을 움직인다.
단골 운전자들은 그에게 간식과 선물을 가져다주기 시작했고, 그 직원이 퇴직하는 날, 조용한 관리실에는 꽃다발이 가득 쌓여 있었다.
이것은 허구가 아니라 필자가 직접 본 실제 이야기다.
그 주차관리인은 일을 즐겼고, 일이 즐거우니 능률이 올랐다. 그리고 일이 재미있으니 70대에도 당당히 일을 할 수 있었다.

반면, 일하기 싫어 집 안에 틀어박혀 하루 종일 컴퓨터 게임만 하는 젊은이들이 이 나라에 무려 90만 명이나 있다 한다.
게으름은 사람의 정신을 좀먹는다.
일은 생계를 넘어 존재의 의미와 자존감을 세우는 과정

이다.
사람에게 중요한 세 가지가 있다.
건강, 가족, 그리고 일.
이 세 가지가 갖춰져야 인생이 균형을 이룬다.

돈을 쓰는 방식이 그 사람의 가치다.
일을 하는 첫 번째 이유는 돈을 벌기 위해서다.
돈은 의식주를 해결하기 위한 최소한의 수단이고, 쓰임은 세 가지로 나뉜다.
소비: 생활비, 식비, 교통비, 취미비용 등
낭비: 허영, 허세, 보여주기식 지출
투자: 수익을 기대하고 쓰는 돈. 주식투자, 자기계발, 교육비 등
힘들게 번 돈은 의미 있게 써야 한다.
돈을 쓰는 방식만 보아도 그 사람이 현명한지 어리석은지 알 수 있다.
현명한 사람은 자기 성장을 위해 쓰지만, 어리석은 사람은 의미 없는 곳에 흘려보낸다.

도박과 노름으로 큰돈을 잃는 일이 바로 그것이다.
차라리 그 돈으로 세계여행을 떠나고, 문화와 음식을 경험하며 시야를 넓히는 것이 더 나은 선택 아닌가.
돈은 결국 자신을 위해 쓰여야 한다.

억만금을 가지고 있어도 죽으면 단 한 푼도 쓸 수 없다.
그래서 살아있는 동안, 돈을 가치 있게 사용하는 것이 중요하다.

필자가 이 말을 하는 이유는 단순히 돈 이야기를 하려는 것이 아니다.
삶은 깨달음과 느낌에서 성장한다.
일, 태도, 그리고 돈을 대하는 자세는 인생의 수준을 가르는 기준이다.
일에 성실하고, 사람에게 진심을 다하며, 돈을 가치 있게 사용하는 사람만이 진정한 부자가 된다.
그리고 그 부는 통장 잔고가 아니라 삶의 품격에서 드러난다.

사업을 하면서 가장 중요한 것 중 하나는 누군가에게 배우는 것이다.
멘토란 단순히 지식을 전달하는 사람이 아니다. 멘토는 삶과 선택의 기준을 보여주는 나침반이자, 마음의 스승이다. 롤모델은 "이런 사람이 되고 싶다"는 본보기가 되어 주는 존재다.
나는 경영을 시작하며 멘토 없이 혼자 뛰어들었던 시절을 떠올린다. 그때는 경험도 부족했고, 시장을 읽는 눈도 제한적이었다. 결과적으로 몇 차례 위기 속에서 흔들렸고, 선택의 실수로 큰 손실을 입기도 했다.

실제로, 한 가족이 경영 부진으로 농장을 헐값에 팔고 난 뒤, 극단적인 선택으로 세상을 떠난 일이 있었다. 반대로 그 농장을 새로 사들인 사람은 몇 년 뒤 벼락부자가 되었다. 농장 부지를 중심으로 주변이 신도시로 개발되면서 땅값이 천정부지로 치솟았기 때문이다.

이 사례는 단순한 운의 문제가 아니라, 배움과 준비의 차이를 보여준다. 멘토와 롤모델에게 배웠다면, 극단적인 선택을 피하고 새로운 기회를 잡을 수 있었을 것이다. 경영은 단순히 돈을 버는 활동이 아니다. 멈추지 않고 배우며 경험을 쌓는 사람만이 살아남는다.

사업에서 가장 흔한 실수 중 하나는 자신의 능력 이상을 시도하는 것이다. 준비되지 않은 상태로 뛰어드는 것은 자살행위와 같다. 나는 항상 스스로에게 묻는다.
"내 능력과 경험으로 이 일을 해낼 수 있는가?"
자신의 능력에 맞는 현실적인 선택만이 장기적으로 안정적인 성공을 만들어 준다. 경험과 배움은 자신이 할 수 있는 일과 할 수 없는 일을 구분하게 해준다.
준비 없는 도전은 결국 실패로 끝나고, 때로는 회복할

수 없는 피해를 남긴다. 실패한 경영자들의 이야기를 들으며, 작은 성공도 경험과 준비가 뒷받침될 때 가능하다는 것을 깨달았다. 능력과 경험을 쌓기 전에는 큰 모험을 시도하지 않는 것이 지혜다.

또 하나 중요한 것은 소비자 심리를 이해하는 능력이다. 처음에는 신비롭고 매력적인 제품이나 서비스도 시간이 지나면 식상해지고, 관심에서 멀어진다. 시장은 항상 새로운 것을 원한다. 그래서 매년 새로운 스마트폰이 출시되고, 새로운 서비스가 등장한다. 처음에는 혁신적이지만, 시간이 지나면 그 신선함은 금세 사라진다. 소비자는 늘 새로운 자극과 흥미를 찾는다.

사업가는 이러한 흐름을 읽고, 트렌드에 민감하게 대응해야 한다. 경험은 단순히 과거 사례를 배우는 것이 아니다. 경험은 시장의 흐름을 읽고, 소비자의 반응을 예측할 수 있는 눈을 키워준다. 위기 상황에서 냉정하게 판단할 수 있는 근거가 되고, 실수를 줄이며 선택의 폭을 넓혀 준다. 멘토와 롤모델을 통해 배운 경영 원칙은 돌발 상황에도 흔들리지 않게 해주는 안전장치와 같다. 결국, 멘토와 롤모델을 찾고, 자신의 능력에 맞는 일을 선택하며, 시장과 소비자를 이해하고, 끊임없이 배우는 사람만이 극단적인 실패를 피하고 기회를 잡을 수 있다.

성공을 위해 나쁜 습관을 고치려면 높은 산을 한 번에 오르려 하지 말아야 한다.
마치 마을 뒷동산을 오르듯, 작은 목표부터 하나씩 실천해 나가야 한다.
작은 성공을 쌓아 습관을 바꾸고, 이를 통해 삶을 변화시키는 것이 중요하다.
인간의 인생은, 지구에서 우주까지의 거리처럼 상상 못할 만큼 먼 길이 아니라, 사소한 선택과 습관의 차이로 천국과 지옥이 결정될 수 있다.
종이 한 장 차이에서 재벌이 되기도, 노숙자가 되기도 하는 것이다.

멈추지 않고 성공으로 가는 습관을 차근차근 실천에 옮긴다면, 누구나 성공할 수 있다.
성공한 사람과 실패한 사람의 차이는, 결국 습관과 실천에 달려 있다.
작은 일이라도 미루지 않고 꾸준히 해 나가는 것이, 인생을 바꾸는 힘이다.

나이가 들수록 시간이 빠르게 흐른다는 말을 실감한다.
젊을 때는 하루가 길었지만, 어느 순간부터는 계절이

획획 넘어가고, 1년이 눈 깜짝할 사이에 지나가버린다.
세월은 많은 것을 가져가지만, 동시에 많은 질문도 남긴다.
나는 어떻게 살아왔는가?
그리고 남은 삶은 어떻게 살아가야 하는가?
이 질문들은 어느새 나의 일상이 되었다.

설문 조사를 위해 수많은 노인을 만났다.
그들의 표현 방식은 달랐지만, 결국 한 가지 공통된 이야기로 향했다.
"일찍 깨닫고, 건강하게, 그리고 멈추지 말고 도전하며 살아라."
이 단순한 말 속에 인생의 깊은 진리가 숨겨져 있었다.
그들은 자신의 젊은 날을 후회하지 않았고, 늦게라도 깨달은 것을 감사하다고 말했다.

많은 노인이 도전을 멈추는 순간 늙는 거라고 말했다.
삶을 뒤돌아보면, 도전은 언제나 나를 살게 만든 힘이었다.
젊을 때의 도전은 야망과 열정 때문이었다면,
나이가 든 지금의 도전은 삶을 지키기 위한 선택이다.
새로운 것을 배우고, 낯선 사람을 만나고, 한 번도 해보지 않은 일을 시도해 보는 것.

이 모든 것이 '늙지 않는 법'이었다.

큰 변화는 결코 큰 결심에서 나오지 않는다.
아주 작은 습관 하나가 삶 전체를 바꾸어 놓는다.
매일 걷기, 감사하는 마음 적기, 충분한 수면, 천천히 씹기, 정기적으로 검진받기, 적정 체중 유지하기, 책 한 장이라도 읽기, 모르는 것에 질문하기 등
이렇듯 노인들이 공통적으로 말한 장수 비결은 거창한 것이 아니었다.
그저 '꾸준함'을 잃지 않은 사람들이 오래 살았다.

나이는 어쩔 수 없이 들지만, 마음의 나이는 스스로 결정할 수 있다. 나는 시간이 흐르면서 마음가짐이 얼마나 중요한지 깨달았다.
분노를 줄이고, 서운함을 오래 품지 않으며, 누군가의 말에 쉽게 흔들리지 않는 여유를 갖는 것이다.
이런 태도를 유지하는 것은 단순히 나이가 들어감과는 다르다.
오히려 삶의 경험과 성찰을 통해 마음이 부드러워지고 깊어지며, 진정한 자신다움으로 향해가는 과정이다.
필자는 이것이 늙은 마음이 아니라, 익어가는 마음이라고 생각하게 되었다.

사람은 살아온 날들이 켜켜이 쌓여 오늘의 얼굴과 모습이 된다. 거울에 비친 표정에는 그동안 품어온 마음의 결이 담겨 있고, 말투와 걸음걸이에는 삶의 태도가 자연스럽게 스며 있다.

길을 걷다 노부부를 마주칠 때면, 그들이 어떤 마음으로 살아왔는지 한눈에 느껴질 때가 있다.
평생을 곱고 단정하게 살아온 분들의 얼굴에서는 말하지 않아도 따뜻한 빛이 흐르고, 그 품위와 여유가 사람들을 편안하게 한다.
그런 분들은 나이가 들수록 더 깊은 존경을 받는다.
반대로 삶의 고비마다 마음을 다스리지 못하고 거친 말과 태도로 살아온 사람들에게서는 그 세월이 얼굴에 고스란히 드러난다. 표정은 굳어지고, 말투는 날카로워지며, 사람을 밀어내는 기운이 스스로를 외롭게 한다. 그 또한 인생이지만, 우리는 누구나 그런 모습이 되고 싶지는 않을 것이다.

인생은 길어 보이지만 돌아보면 참 짧다.
그래서 더욱 마음을 다듬고, 말 한마디에도 성숙함을 담고, 사람에게서 배운 것들을 삶에 녹여 곱게 익어가는 과정이 중요하다.
삶에서 우리는 많은 것을 쌓아 올릴 수 있다. 돈, 명예,

관계, 지위. 하지만 그 무엇도, 건강이 무너지는 순간 흔들리지 않는 것은 없다.
세월이 흐를수록 건강은 선택이 아니라 책임이라는 사실을 더욱 뚜렷하게 느낀다.
건강은 누구도 대신 지켜줄 수 없는, 나만의 마지막 자산이다.

필자는 오랫동안 '늙지 않는 법'을 고민하며 젊음을 유지하고, 나이 드는 것을 두려워하지 않으려 애썼다.
85%가 넘는 노인들이 내게 전해준 말이 마음에 오래 남았다.
"멈추지 마라."
걷는 것을 멈추지 말고,
배우는 것을 멈추지 말고,
사람을 만나는 것을 멈추지 말고,
세상에 대한 호기심을 멈추지 말라는 뜻이었다.

나는 이제 인생의 뒤편에 서 있다.
하지만 끝은 결코 끝이 아니라, 또 다른 시작이 될 수 있다는 것을 안다.
남은 날을 어떻게 살아갈지는 오직 나 자신에게 달려 있다.
삶이란 결국, 멈추지 않는 길 위에서 나 자신과 마주하며, 천천히 곱게 익어가는 과정이다.
많은 사람이 나이가 들면서 체력은 줄고, 마음은 조급해지지만 진정으로 곱게 익어가는 사람은 나이와 상관없이 마음의 여유를 유지하고, 경험과 성찰을 통해 점점 더 깊고 따뜻한 사람이 되어간다.

큰 그릇을 가진 사람만이 세상을 넓게 볼 수 있다는 것을 그 길 위에서 나는 배웠다.
오늘도 나는 발걸음을 멈추지 않는다.
배움도, 만남도, 호기심도 계속 이어가며 그 길 위에서, 나는 조금씩 곱게 익어간다.
마침내 나의 삶은, 내가 선택한 방식으로, 나답게 아름답게 완성될 것이다.

나는 언젠가 나는 이렇게 말하고 싶다.
"나는 멈추지 않았기에, 행복했다."
이 한마디가 내 인생 전체를 설명해 주기를 바란다.
세월이 나를 빚어준 것이 아니라, 내가 세월을 어떻게 채웠는지가 나를 만들었다는 것을 증명하고 싶다.
그리고 나는 오늘도 천천히, 그러나 꾸준히 익어가고 있다.
그것이 내가 찾은 인생의 결론이자, 앞으로의 삶에 남겨두는 마지막 지침이다. (끝)